공부 못해도 성공하는

뇌중심 학습법

공부 못해도 성공하는

뇌중심 학습법

초판 1쇄 2023년 12월 05일

지은이 김병헌
발행인 김재홍

발행처 도서출판지식공감
등록번호 제396-2012-000018호
주소 서울시 영등포구 경인로82길3-4
전화 02-3141-2700
팩스 02-322-3089
홈페이지 www.bookdaum.com

가격 20,000원
ISBN 979-11-5622-835-6 03370

스티븐 잡스는 학교 성적이 좋았을까? 명문대를 졸업했을까?
공부 못했어도 애플을 창업해 세상을 변화시키며
세계적인 부호가 되었다

공부 못해도 성공하는
뇌 중심
학습법

| 김병헌 지음 |

뇌의 특성을 제대로 알고 학습해야 성공한다

지식공감

박성호 박사(전 서강대 교육대학원장)

'뇌중심 학습법'으로 행복한 인생을 만든다.

뇌는 1,000억 개에 달하는 신경세포로 불과 1,000분의 1초 만에 정보를 전달하는, 우리 몸에서 가장 강력하고 신비로운 기관이다. 그 신비를 파헤치기 위해 과학자들은 수십 년 동안 연구와 실험을 거듭했고 최근에 이르러서야 뇌가 기억, 생각과 행동, 심지어는 자의식이 작동하는 원리까지 밝혀내고 있다.

그런데 문제가 되는 것은 뇌의 유전적 오작동(클루지:회로가 엉망인) 때문에 실패한다는 것이다. 한마디로 우리 뇌는 수십만 년 동안 원시 환경에 맞게 진화된 컴퓨터로써 비합리적인 의사결정 때문에 인생이 꼬인다는 것이다. 따라서 유전적 오작동(의사결정의 오류)을 이겨내는 예방훈련을 하고, 실천 경험을 해야 성공하고 행복한 삶의 길이 열린다는 것이다.

이 책은 '뇌가 지식과 기술을 더 잘 배우고 더 오래 기억하고 필요할 때 즉각 떠올려 활용하는' 최고의 학습법을 알려준다. 성공지능을 높이는 『뇌중심 학습법』이라는 것이다. 이것은 130년 전 에빙하우스 망각곡선부터 시작해, 40여 년 전부터 본격화한 뇌과학 분야의 다양한 연구 실험으로 공부를 '학습의 과학화'로 정립한 내용이다.

이 책의 본문은 130여 페이지로 짧지만, 뇌과학과 인지심리학에서 밝혀낸 뇌 특성에 맞춰 학습해야 성공한다는 주장은 설득력이 있다. 또한, 4차 산업사회, 초연결사회, 생명 뇌과학 기술혁명과 정보기술 AI시대를 맞이하여 문제점이 많은 우리 교육체계를 바꾸자는 제안도 공감된다. 교육 관계자들이 좀 더 발전시키면 교육혁신에 불씨가 될 수 있다고 기대한다. 그래서 학생, 부모, 교사, 교육전문가, 평생 세상을 학습하는 사람들에게 꼭 읽어보라고 추천한다.

최재규 감정평가사((주)리파인 창업주)

〈뇌중심 학습법〉으로 우리 교육을 바꾸재!

요즘 수많은 사람들이 학습의 원리에 대한 최신 뇌과학 성과들에 주목한다. 왜냐하면 열심히 공부한다고 밑줄 긋기, 벼락치기, 반복 학습, 집중 연습을 통해 뭘 안다는 착각을 일으킬 뿐 그렇게 익힌 지식은 금세 머릿속에서 사라지는데, 그것이 뇌 특성 때문이라는 것이다. 이 책을 읽으면 뇌의 여러 가지 특성들을 이해하게 되고, 자신의 공부법도 조만간 뇌중심 학습법으로 바꾸게 될 것이다. 매우 유익하고 쉽기 때문이다.

이 책은 나이에 상관없이 공부하는 학습자를 위한 실질적인 조언들이 좋다. 뇌의 다양한 특성을 고려한 '뇌자극 독서법'과 '진짜 공부법' 등은 특히 공감된다. 그리고 창의적 인재 육성이 필요한 우리에게 유대인식 가정교육에 대한 여러 언급은 시사하는 바가 크다. 세계적인 창의적 인재(노벨상 수상자의 35%, 구글 창업자 등 수많은 기업가)를 배출한 유대인 하브루타 교육방식이 뇌과학적으로 인정받고 있기 때문이다.

  그런데 요즘 우리나라 교육 현실을 보면 암울하다. 창의력을 키우는 교육보다 각종 시험을 대비한 사교육 때문이다. 이대로 계속된다면, '당분간 노벨상 수상자가 나올 수 없다'고 한다. 특히 사교육 문제는 돈이 많이 들고, 결혼과 출산율(0.8명)도 낮추는 요인이 된다고 한다. 국가적 위기가 된다. 반면 유대인은 하브루타(질문, 토론) 교육을 가정에서 매일 실천하니 교육비가 적게 든다. 출산율(3명)도 우리보다 높다.

  하루빨리 우리도 문제해결력과 창의력을 키우도록 교육체계를 바꿔서, 돈 적게 들고 노벨상에 빛나는 창의 인재가 육성되면 좋겠다고 생각한다. 이 책을 읽으면 여러 고민들이 해소되는 것처럼 느끼게 된다. 무엇보다 공부에 뭔가 자신감도 생긴다. 누구나 신뢰할 수 있는 뇌과학과 인지심리학 연구 결과의 내용들이기 때문이다. 그래서 학생은 물론 평생 공부해야 하는 모두에게 이 책을 읽어보라고 추천한다.

머리말

　세상에서 특별히 크게 성공한 사람들, 꿈과 목표가 있는 사람들은 독서를 하며 '없는 길도 새로 만들어 가며' 성공한다. 그러면서 그들은 '독서가 성공 요인'이라고 말한다. 하지만 대다수는 성공의 길을 새로 만들기보다는 남들 다니는 기존 길로 간다. 그들은 지능을 쌓는 독서보다 현실에 안주하는 스펙을 쌓는다. 실제로 독서할 시간에 차라리 자격증 공부해서 스펙 하나 더 쌓는 것을 좋게 여긴다. 학생일 땐 독서 보다 공부를 해서 성적을 올리면 훨씬 더 좋은 미래가 보장되며, 직장인일 땐 독서보다 차라리 업무에 더 집중하고 자기계발로 승진하거나 더 나은 직장에 이직하는 것이 삶에 훨씬 더 보탬에 된다고 생각한다.

　이 책은 미래 행복한 삶 창조에 필요한 '지식과 기술을 더 잘 배우고 더 오래 기억하고 필요할 때 즉각 떠올려 활용하는' 최고의 학습법을 알려준다. 그것은 '뇌자극 질문법', '뇌자극 독서법', '진짜 공부법', '진짜 명상법' 등으로 성공지능을 높이는 『지식 지능화 학습법』이다. 일례로 책을 읽거나 강의를 들은 후, 혼자서 뇌자극 질문을 던지는 것이다. '핵심 내용이 무엇인가? 생소한 용어나 내용은 무엇인가? 그것을 어떻게 정의할 것인가? 어떤 예가 있을까? 내가 이미 알고 있는 지식과 어떻게 연결되는가?' 등등. 그리고 새로운 지식이나 기술을 실습한 후에는 이런 질문을 해볼 수 있다. '어떤 부분이 잘되었는가? 더 잘될 수 있었던 것은 무엇인가? 더 능숙해지려면 무엇을 배워야 하는가? 더 좋은 결과를 얻으려면 다음에는 어떤 전략을 사용해야 하는가?' 등을 반추하거나 명상하면서 머릿속으로 지식을 지능화하는 것이다. 이 책은 뇌과학 인지학적 뇌의 특성들을 감안해서 효과적으로 학습하는 법들을 이해하기 쉽게 정리했다. 이것이 『뇌중심 학습법』이다.

책의 구성을 주제별로 설명하면 다음과 같다

1부는 '공부 못해도 독서는 매일 하라'고 한다. 기본 독해력부터 올려야 하기 때문이다. 처음에는 쉽고 재미있는 책부터 읽고, 기본이 되면 각자 수준에 맞는 전략적 독서를 하라고 한다. 성공지능을 높여야 하기 때문이다. 그리고 사례의 교훈에서 두뇌 특성과 관련된 성공과 실패 요인이 되는 이슈들도 제기한다.

2부는 '신경가소성', '쿨루지(Kluge)' '메타인지' 책의 내용으로 두뇌 특성들을 설명한다. 젊은이들이 꼭 알아야 하는 뇌 과학 내용들이기 때문이다. 앞에는 두뇌 성장성의 무한함을 강조하고, 뒤 책에서는 인생 실패 요인이 되는 유전자 오작동과 의사결정 오류를 줄이는 예방 방안들을 제시한다.

무엇보다 성공 요체가 되는 '뇌자극 독서법'을 소개한다. 특히, 지식과 지능을 '뇌의 복리 효과'로 높이는 법과 매타인지력을 올리는 단계별 올바른 독서지도 요령들도 소개한다.

특별히 '진짜 공부법'을 인지과학적으로 설명한다. 학습효과를 높이는 지식인출과 시간 간격을 말한다. 무엇보다 인출 연습 주기와 망각시간에 따른 복습 시점까지 언급하고 있다.

그리고 두뇌의 생산성과 창의성을 가로막는 정보통신기기의 과다 사용을 뇌과학적으로 경고한다. 전문가들은 하루에 두 차례 최소한 45분씩 기기와 떨어져 있기를 권하고 있다. (특히 스마트폰, 컴퓨터 등 초연결 ICT 기기들)

3부는 학습성과를 높이는 방안들을 제시한다. 하브루타를 주목하며 우선 학생이 싫어하는 학과목이 있으면, 해당 과목의 활용 장소를 보여주라는 것이다. 그래야 그 과목 공부에 동기부여가 되고, 학습 의지도 커지기 때문이다. 그리고 마음가짐이 진지하면, 학습할 때 문제 해결과 창의력이 좋아진다고 한다.

부록은 유대인 자녀 교육법, 두뇌 좋게 만드는 육아 교육법, 투자가의 성공 원칙 사례, 부자 되는 공부 요령, 의사결정에 도움되는 과학개념들도 일부 인용했다. (독자가 알았으면 하는 내용들을 인용했다. 참고 자료로만 읽어보기 바란다.)

우리는 지금 엄청난 두 가지 혁명이 합쳐지는 지점에 와 있다. 생명 뇌과학자들이 인간 신체, 특히 인간의 뇌와 감정의 신비를 해독하고 있다. 동시에 컴퓨터과학자들은 우리에게 유례없는 데이터 처리 능력을 선사하고 있다. 생명 뇌과학 기술혁명과 정보기술 혁명이 합치면 빅데이터 알고리즘을 만들어 낼 것이고, 그것은 내 뇌와 감정을 나보다 훨씬 더 잘 모니터하고 이해할 수 있게 된다. AI 의사는 수십억 명의 사람들에게 훨씬 저렴하면서도 훨씬 질 좋은 의료 서비스를 제공할 것이다.

필자는 UC버클리에서 '세계 뇌주간 대회'를 참관하고, 그때부터 뇌과학에 대한 관심을 갖기 시작했다. 그 후 20년 이상 뇌 관련 자료나 뇌과학 책들을 보면서 정리했다. 우리 모두가 실천하면 뭔가 유익한 뇌 관련 지식들이다.

그렇기 때문에 이 책이 독자 성공에 도움이 되길 바라면서, 우리 자녀들과 손자녀들 그리고 앞으로 태어날 손자녀들 창의교육에 혁신적 변화가 일어나길 희망하는 것이다.

끝으로 이 책 출간에 도움을 준 최재규 님께 감사드린다. 또한, 어려운 여건에서 작업해 준 관계자에게도 감사드린다.

2023년 11월 10일
김병헌

차 례

1부 공부 못해도 성공한 사람들

2부 성공과 실패 요인 분석에 따른 성공지능 만들기

(인지학, 뇌과학으로 성공지능을 높이는 학습법을 소개)

3부. 학습성과를 높이는 방안들과 최선의 독서법 소개

부록

공부 못하는 사람들은 잘못된 방식으로 공부하고 있다!

그동안 공부가 하기 싫고, 공부해도 성적이 오르지 않았다면 먼저 자신의 생각부터 바꾸도록 해야 한다. '왜 공부해야 하는가?'가 아니라 '나는 무엇을 하고 싶은가?' '나는 무엇을 원하는가?' '나의 꿈은 무엇인가?'를 찾는 노력이 선행되어야 한다는 말이다. 그래야 그에 맞는 계획과 전략을 세울 수 있다.

공부할 마음이 없고, 왜 공부해야 하는지도 모르는 사람에게 '공부 잘하는 법' '1등 공부 비법'을 아무리 들려주어도 소용이 없다. 우선 마음속에 자신이 진정으로 하고 싶은 것, 되고 싶은 것, 원하는 것을 목표로 정하는 것이 중요하다. 진정성 있는 목표가 정해지면 마음이 움직이고, 몸이 움직이고 뇌가 움직이기 때문이다. 그리고 바로 그때 목표에 맞추어 뭔가 공부해야 성과가 나오는 것이다.

세상이 급변하기 때문에 인생은 도전의 연속이다. 살아남으려면 공부를 해야 하는 시대가 도래한 것이다. 최소한 매일 하루 1시간 정도 책을 읽어 기초지식과 독해력을 길러야 한다. 이렇게 관련 지식이 어느 정도 쌓이면 새 도전에 대한 용기가 생겨나고 멋진 결과가 현실로 나타나기 때문이다.

어느 기업 회장님의 말씀

"여러분은 공부 잘하는 사람이 성공한다고 생각하시지요?"

"여러분이 학교 다닐 때, 전교 1등 친구. 전교 2등 친구가 지금 무엇을 하고 있는지 보세요. 학교 선생님께서 칭찬 가득했던 그 엄청난 친구들이 지금 세상에서도 1등을 하고 있는지? 아닌지? 어느 정도 잘 되었다고 하더라도. 대부분 교수, 전문직, 대기업 근로자일 것입니다.

그와 반대로. 공부를 못하면, 전문직은 물론 대기업에 취직 원서도 못 넣습니다. 공부를 못하니. 자신의 미래를 심각하게 고민해 보는 시간도, 자신만의 관심 분야의 책을 읽을 시간도 많은 것입니다. 물론 모두가 다 잘 된다는 것은 아니지만. 사업이나 창업에 도전하기 때문에 그중에 운 좋고 사업을 잘하는 사람은 성공을 하고, 짧은 기간에 큰돈도 벌 수 있는 것입니다.

저처럼 남들 안가는 길을 열정적으로 개척한다면. 그 누구보다 크고 빠르게 성공합니다. 사업으로 성공하는 방법은 좋은 책을 읽으면서 미래 사업에 대한 판을 잘 짜고. 공부 잘하고 유능하고 똑똑하면서도 센스가 있고, 밝고 긍정적인 인재들을 고용해 적절한 위치에 잘 배치하는 것! 그리고 그들을 요리조리 활용하여 그들의 레버리지로 큰 성공하는 것! 그들이 알아서 으쌰~으쌰~ 일하게 분위기를 만드는 것. 이것이 큰돈 버는 사장과 회장의 사업 능력이라 생각합니다."

회장님은 뭔가 깨닫고 독서로 자신만의 성공지능을 높이면, 학교 공부는 못했어도 어느 순간 성공할 수 있으니, 누구든 '난 머리가 나빠서 안 돼'라고 포기하는 말은 절대 하지 말라는 당부입니다. 또한, 국가가 '머리 좋은 사람들이 독서를 많이 해서 안정적인 직업보다 첨단 미래 사업에 도전하는' 사회풍토(실패해도 보상받는 이스라엘)를 만들어야 우리 미래가 밝아진다고 말씀하신다.

필자가 1세대 기업가 몇몇을 보면, 시골 출신에 초졸, 중졸, 고졸도 있었으며. 이런 회장님의 성공스토리는 흥미진진하고, 아! 이분은 성공할 수밖에 없는 분이시구나! 를 느꼈습니다. 그리고 그분들의 고난, 역경스토리는 그야말로 영화 한 편이었고, 사람을 대하는 태도에 거만함이 없이 인간적이고 친절하며 배려심이 좋았습니다.

복리의 힘은 대단하다! (유대인 부의 비밀)

복리의 힘은 대단해서 10억을 매년 20%씩 불릴 경우, 20년이 지나면 383억 원이 넘는 큰 금액으로 변한다. 실제로 가치투자의 달인인 워런 버핏은 1965년부터 2014년까지 연평균 21.6%의 수익을 올렸는데, 이게 복리로 누적되어 182만 퍼센트의 수익률을 기록했다. 복리는 이처럼 기하급수적인 증가를 가져온다. 맨 처음은 원금 혼자 이자를 낳는데, 두 번째부터는 그 이자도 다시 이자를 낳기 때문이다. 원금 A, 이율 r, 기간 n일 때, 원리합계(元利合計) S는 $S=A(1+r)^n$ 이다. 아인슈타인은 복리를 '세계 8대 불가사의'라고 말한다.

> 유대인은 13살 성인식 때 받은 축의금을 투자하며 복리효과를 교육한다. 복리효과는 알기 쉽게 축의금 1억을 14.4% 수익률에 투자하면 5년 뒤 2억, 10년 뒤 4억, 30년 뒤 64억, 40년 뒤 256억이다. 72/14.4%=5년. 즉, 투자원금은 매5년마다 제곱으로 늘어나는 것이다. 그들은 '시간은 돈'이라는 부의 비밀을 교육하는 것이다.

새로운 용어 설명

"신경가소성"이란? 모헤브 코스탄디가 쓴 MIT연재 책이다. 지식이나 경험이 쌓이면 새로운 신경이 성장하고 새로운 신경 연결망이 더해짐으로써 인간의 뇌가 변화하고 발달하는 능력을 일컫는다. 뇌는 쓰면 쓸수록 좋아진다는 것이다. 이때 새로운 신경발생의 열쇠는 뇌가 능동적으로 주의를 기울이는 정보가 된다.

인지란? 자극을 받아들이고, 저장하고, 인출하는 일련의 정신 과정. 지각, 기억, 상상, 개념, 판단, 추리를 포함하여 무엇을 안다는 것을 나타내는 포괄적인 용어로 쓴다.

쿨루지 (Kluge)란? MIT 개리 마커스 교수의 화제작이다. 한마디로 우리의 뇌는 수만 년 동안 지금 당장 생존을 최대한 추구하도록 설계된 비합리적인 컴퓨터라는 것이다. 그 결과 시의적절한 의사결정을 못 해서 실패하고, 유전자 오류로 인생도 꼬인다는 것이다. 그는 23살에 MIT에서 뇌와 인지과학 박사학위를 취득하고 30살에 종신 교수(tenure)가 된다.

뇌의 지적 지능화 생산 활동은 인출─〉정교화─〉생성이다. 문제 해결이나 창조적 생각을 할 때 두뇌 속에서 작동되는 과정이다. 즉, 인출(최근 배운 지식을 회상하기), 정교화(새로운 지식을 기존의 지식과 연결하기), 생성(핵심 내용을 자기만의 언어로 바꿔서 표현하기, 혹은 또 다른 방식으로 연습하고 시각화하기, 좀 더 편리하면서 세상에 유익한 가치를 창출하기) 등이다.

1부
공부 못해도 성공한 사람들

'우리는 성실한 마음과 튼튼한 몸으로, 학문과 기술을 배우고 익히며, 타고난 저마다의 소질을 계발하고, 우리의 처지를 약진의 발판으로 삼아, 창조의 힘과 개척의 정신을 기른다.'

                                                    – 국민교육헌장에서 인용

매사에 관심이 없다는 건, 분서갱유(책을 불태우고 묻어버림)의 삶을 살아서 그 결과 관심의 샘이 말랐다는 것이다. 공부를 하려면 가진 밑천을 현재진행형으로 계속해 진화 발전시킬 수 있어야 한다. 최고의 학습 방법은 아웃풋을 전제로 공부하는 것이다.

지금 아는 것에 만족하는 사람은 성장이 없고 관심 분야에 부족한 것을 채우려는 사람은 성장을 계속한다.

우리가 생각하는 학습의 출발점은 관심 분야의 발견이다. 관심 분야가 있어도 이를 공부와 연결시키는 일은 만만한 일이 아니다. 하지만 관심 분야를 발견하고 관련된 공부를 할 수 있다면 세상에 이보다 신나는 일은 없다. 공부 못해도 자신을 깨닫고 재능을 살리는 관심 분야 공부에 매진하면 된다.

[사례1] 성공한 브라이언 트레이시

나는 1944년 캐나다에서 태어났다. 부모님은 좋은 분들이었고 항상 열심히 일했지만, 우리 가족은 항상 돈에 쪼들렸다. 지금도 어린 시절에 늘 듣곤 했던 "돈이 없는데 어떡해!" 하는 부모님의 목소리가 또렷이 기억난다. 하고 싶은 일과 갖고 싶은 것이 많았지만, 우리 집에는 항상 돈이 없었다. 대공황을 겪은 부모님은 그 이후에도 항상 돈 걱정뿐인 고통스러운 상황에서 헤어나지 못했다.

10대가 되었을 때 나는 처음으로 다른 집들이 우리 집보다 훨씬 잘 산다는 것을 알게 되었다. 다른 사람들은 우리보다 더 좋은 집과 더 좋은 옷, 더 좋은 차를 갖고 있었다. 그들은 우리와 달리 돈 걱정이 없는 것 같았고, 우리가 꿈도 꿀 수 없는 것들을 아무렇지도 않게 샀다. 내가 '왜 어떤 사람들은 다른 사람들보다 더 성공하는 걸까?' 하는 의문을 갖게 된 것이 이때부터이다.

왜 어떤 사람들은 다른 사람들보다 돈을 더 많이 벌고, 인간관계가 더 순탄하고, 더 화목하게 가정생활을 하는지 그리고 왜 더 좋은 집에 살고, 더 큰 기쁨과 만족을 느끼는지, 심각하게 생각하기 시작했다. 그때는 거의 대부분 시간을 혼자 지냈기 때문에 이런 생각에 빠져 시간을 죽이곤 했다.

나는 '문제아'였다. 교실에서는 농땡이를 부렸고 밖에서는 질이 낮은 친구들과 어울려 다녔다. 사람들의 관심을 끌기 위해 내가 벌인 행각들을 떠벌리고 다녔기 때문에 나는 결국 사람들이 피하고 싶어 하는 인물로 전락해 버렸다. 사람들은 누구나 한 가지 재주는 갖고 태어난다고 한다. 그것이 다른 사람들에게 도움을 주기는커녕 해를 끼치는 것이라고 해도 말이다. 내가 갖고 태어난 재주는 후자에 해당하는 것이었다. 다른 부모들과 선생님들은 아이들에게 "너 지금 똑바로 행동하지 않으면 트레이시처럼 될 거야" 하고 경고하곤 했을 정도였다.

열여섯 살 때, 나는 인생의 진로를 바꾸게 된 첫 깨달음을 얻었다. 어느 날 문득, 힘들고 괴로운 앞으로의 상황이 지금보다 나아지기를 바란다면, 그 변화를 이루어야 하는 주체는 결국 나 자신이라는 생각이 들었던 것이다. 갑자기 불행감에 사로잡힌 채, 따돌림 당하면서 항상 말썽만 일으키는 내가 싫어졌다. '나는 왜 이렇게 사는 걸까? 무언가 새로운 변화가 필요해! 그렇다면 변화의 주체는 다른 누구도 아닌 바로 나 자신일 수밖에 없어.' 이 생각은 '왜 어떤 사람은 다른 사람보다 더 성공하는 걸까?'라는 질문에 대한 답을 구하는 데 시발점이 되었다.

고등학교를 중퇴하고 나서 몇 년간 노동자로 일하면서 돈을 조금 모으자 나는 일을 그만두고 세상 경험을 하기 위해 여행을 떠났다. 그 과정에서 상상조차 하기 어려운 상황을 겪었고 많은 경험을 했다. 머나먼 외국 땅에서 말도 안 통하고, 돈 한 푼 없는 빈털터리가 되어 여러 날을 연달아 밥도 먹지 못했고 맨땅에서 자는 날은 셀 수도 없이 많았다. 접시닦이, 공사장 인부, 세차원, 청소부 등 22개 직업을 전전했다. 그리고 고국에 돌아와 22살 방문판매원 시절에는 하루 종일 겨우 물건 하나를 팔아 하루 숙박비를 지불하는 신세였다.

어느 날 그는 '매달 1,000달러를 번다는 목표'를 종이 한 장에 적었고, 30일 후 판매 실적이 비약적으로 상승하면서 그의 인생은 바뀌었다. 매달 1,000달러의 급료를 받고 판매 사원을 교육하게 된 것이다.

(… 중략 …)
나는 그때를 돌아보며 여러 가지 교훈을 얻곤 한다. 특히 그중에서 가장 중요하게 생각하는 것은 "보이지 않는 과녁을 명중시킬 수는 없다."라는 교훈이다. 목표가 없다면 정말 멋진 일을 해내는 것이 불가능하다. 진정으로 내면에 잠재된 엄청난 능력을 발휘하고 싶으면 먼저 원하는 것이 무엇인지 분명하게 인식해야만 한다. 모든 위대한 성취는 먼저 진정으로 원하는 것이 무엇인지 결정하고, 그다음에 그것을 달성하기 위해 모든 것을 바치는 과정을 통해 이루어진다.

그리고 이런 과정을 알아내기 위해 수시로 먼저 성공한 경험자나 관련 책이나 자료를 찾아 공부하였는데, 이를 합하면 25년간 2만 시간 이상이 소요됐을 것이다. 여기서 나는 엄청난 것을 발견했다. 진정으로 원하는 것이 있다면 무엇이든 배울 수 있다는 것이었다. 모든 것을 가능하게 하는 결정적인 포인트는 지식이었다. 지식만 있으면 모든 것이 가능했다.

나는 잘살아 보기 위해 판매와 경영, 비즈니스를 공부했다. 통신 강좌를 통해 야간 고등학교를 졸업하고, MBA 과정에서 비즈니스 이론을 공부했다. 행복을 알아내기 위해 심리학, 철학, 종교학, 동기부여 등을 연구했다. 나 자신의 성격상 문제를 해결하기 위해 인간관계, 커뮤니케이션, 성격 유형, 결혼 생활, 부모 역할, 자녀 양육 등을 연구했다. 나는 과거와 현재를 이해하고 왜 어떤 나라는 다른 나라보다 더 풍요롭게 사는가를 이해하기 위해 역사, 경제학, 정치를 공부했다.

물론 성공 이후, 나는 세계 각지에 있는 최고의 호텔에서 머물기도 했고, 유명한 레스토랑에서 식사도 할 수 있었다. 한참 세월이 흐른 뒤 나는 2억 6,500만 달러의 자산가가 되었다. 지금까지 나는 네 명의 대통령과 세 명의 수상을 만났다. 나와 아내는 대통령과 식사하겠다는 목표를 세운 지 6개월도 채 안 되어 그 목표를 달성하기도 했다. 지금 나는 전 세계인을 위해 책과 교육 등을 통해 경험과 지혜를 나누고 있다. 체계적인 교육시스템을 통해 100만 명 이상을 교육해 실생활에 도움을 주었다. 나는 브라이언 트레이시다.

"우리가 독서를 해야 하는 이유는 폭넓고 깊은 지식을 얻기 위함입니다. 그래야 자신이 원하는 일을 할 수 있고 또 그 분야에서 성공할 확률도 높아지기 때문입니다. 미래의 우리 삶을 행복으로 이끌어주는 가장 핵심적인 열쇠가 바로 지능과 재능을 키우는 독서인 것입니다."

사례1의 교훈

사례의 실제 주인공은 '자신이 진정으로 원하는 꿈과 목표 설정은 물론 꿈과 목표를 향한 독서의 중요성을 강조한다'는 점이다. 독서를 하면 할수록 자신이 솔직히 뭘 원하는지, 뭘 하고 싶은지 좀 더 명확하게 해주기 때문이다. 뿐만 아니라 독서를 하면 할수록 진짜 자신에게 이득이 되고 타인에게도 이롭게 하는 것을 찾게 해준다. 독서는 점과 점을 연결하고 선과 선을 넘어 사물을 입체적으로 보는 힘을 길러 주기 때문이다.

독서의 중요성은 독서로 성공한 빌 게이츠와 피터 드러커를 살펴보면 좀 더 공감이 된다.

첫째, 대학을 중퇴하고 창업해서 성공한 빌 게이츠에게 독서란? '생각의 폭을 넓힐 뿐 아니라 깊고 다양한 정보로 부자가 되는 방법까지도 스스로 터득할 수 있게 도와줬다'고 말한다. 이유는 다양한 종류의 책을 가능한 많이 읽으면, 시대를 초월하여 가치 있는 지식을 창출할 수 있는 두뇌를 만들어주기 때문이라고 한다. 성공해 부자가 되는데 독서가 성공의 요체라고 말하는 것이다.

빌 게이츠는 출장을 떠날 때 책이 가득 담긴 가방을 들고 간다. 난해한 내용을 1시간에 150페이지를 소화하며 읽는 동시에 흐름과 핵심을 파악할 수 있는 능력이 있다. 자신의 독서 능력에 대해 어릴 때 집 가까이에 있는 카네기 도서관을 할머니와 어머니 손을 잡고 가서 매일 책을 읽은 것이라고 말한다. 지금도 어떤 문제가 생기면 빌 게이츠는 책에서 해답과 아이디어를 얻는다고 한다.

빌 게이츠처럼 성공한 사람들이 책을 읽는 가장 큰 이유는 자신이 당면한 문제에 대한 답을 얻기 위함이다. 그러려면 여러 책에 흩어져 있는 지식의 파편들을 모아 자신에게 적용해야 한다. 각자의 인생 문제에 정답을 제시하는 책은 거의 없기 때문이다. 다만, 여러 책을 읽는 과정에서 좀 더 정답에 접근하고, 문제의 근원 핵심에 가까워질 수 있는 것이다.

그리고 책은 선택의 대상이 아니라 필수다. 사람은 독서하고 체험하면서 세상사는 지혜와 요령을 조금씩 깨닫기 때문이다. 특히 독서는 학생에게만 국한된 것이 아니다. 나이, 장소, 직업, 경력 등을 가리는 것도 아니다. 독서는 누구나 하고 싶어 해야 하는 것이고, 반드시 해야 하는 것이다. 그것은 재미를 위해서이기도 하고, 생존을 위한 것이기도 하기 때문이다.

둘째, 경영학자 피터 드러커는 '미래는 지식사회이기 때문에 평생 학습을 해야 한다고 믿었으며, 실제로 그는 3년마다 한 가지 분야를 선택해 관련 자료와 책들을 읽으면 공부해왔다. 경영학, 경제학, 사회학, 통계학, 소설, 아시아 역사 미술 등 평생 16가지 넘는 분야를 연구하며 전문가가 됐었다.'라고 말한다. '과거에 성공했어도 새롭게 기준이 바뀌기 때문에 과거를 놓지 못하는 자 가장 먼저 도태된다. 그래서 평생 학습해야 한다.' 그의 말처럼 우리도 평생 공부하는 시대를 살아가야만 한다.

이처럼 성공해서 최고가 된 사람에게는 공통점이 있다.
독서가 성공 원동력이라는 것이다.

[사례2] 성공한 A씨에 대한 이야기

　요즘 A씨는 잘 나가고 있다. 지방대학 인기 없는 학과를 졸업한 후, 창업을 해서 성공한 것이다. 물론 경험이나 전문성 없이 사업을 시작할 때, '잘 될까?'라며 주변에서 염려했다. 그런데 첫 번째 이어서, 두 번째, 세 번째 사업도 어느 정도 성공하니까, '재능이 있네!'라며 그를 치켜세운다. 그래서 필자는 '그가 사업에 어떻게 성공했는지? 성공비결이 무엇인지? 대학에서 무슨 일이 있었는지?' 등이 궁금해서 이것저것 알아봤다. 그래서 여기 내용은 관련된 자료들을 일부분 각색해 정리한 것이다.

　중고등 시절에 A씨는 '성적 꼴찌이자 인생 꼴찌' 수준이었다고 한다. 당시 누구를 질투해 본 적도 없어 단다. 너무 큰 격차가 놓여 있을 때, 인간은 질투라는 감정을 못 느낀다고 한다. 대학 때도 그에게는 미래에 대해 어떤 희망도 없었으며, 평생 월 200만 원 이상 벌 수 없을 거라 믿었다고 한다. 오로지 아르바이트나 하고 원룸에서 게임 정도 즐기는 삶 수준을 생각했다. 당시에는 그래도 그게 행복이라 믿었다. 인지심리학에서 이런 심리 상태를 '유전자 오작동' 영향 때문이라고 한다.

대학 1년 때, 수시로 카톡, 게임, 유튜브 등에 매달려서 자신을 통제하거나 절제하지도 못했다고 한다. 그러던 중 어느 날 깨달음을 얻었다. 종교가 없던 A씨가 친구를 따라 교회에 갔었는데, 보통의 사람과는 다른 지점에서 충격적이었다. 모든 사람이 보는 '성경'이 아무리 읽어도 이해되지 않았던 것이다. 자신의 독해력 문제는 수능시험에서도 그랬다. 다른 과목들은 노력해서 성적을 좀 올렸는데, 언어영역이 문제였다. 시험을 보면 항상 시간이 모자랐고, 고교 3년간 아무리 노력해도 독해력은 4~5등급이었다. 언어영역은 노력에 비해 처참한 성적이었다.

하지만 그 후, 귀인을 만나서 '독서의 복리'라는 개념을 설명 듣고, 곧바로 변하기로 결심했다. 지금부터 게임을 중단하고 책을 읽기로 한 것이다. 도서관에서 우선 이해하기 쉽게 쓰인 책부터 읽고, 자신이 좋아하는 분야의 책도 이따금 읽었다. 그리고 귀인의 충고대로 지능을 높이는 독서를 하면서 인생은 혁신적으로 변해갔다. 그가 책을 읽으면 읽을수록 독해력이 높아지면서, 3~4년부터는 학교 성적은 물론 세상을 이해하는 것도 달라졌다. 그 후 귀인의 권유로 '신경가소성', '쿨루지', '메타인지' 등의 책들을 읽으면서, 그의 인생은 전혀 다르게 변해갔다. 사업할 꿈도 꾸며, 졸업 후 뭘 할 것인가? 창업 관련 책도 읽으면서 돈 버는 사업 준비도 이것저 것 했다.

A씨는 졸업 후 사업을 시작했다. 물론 충분히 준비는 했지만, 시행착오도 많고, 고생고생했다. 그런데 운 좋게 그리 오래지 않아 매달 300만 원 이상의 수입이 들어오기 시작했다. 그 후 좀 더 경험을 쌓고, 사업도 늘리면서 30대 초반이 되었을 때는 잘 나가는 대기업 직원 월급 이상을 버는 수익구조를 만들었다. 돈 벌기에 성공한 것이다. 그리고 몇 년이 지난 요즘은 초청 강연도 다니면서, A씨는 '이보다 행복할 수 있을까?'라는 생각을 하며 매일 아침을 맞이한다고 한다.

무엇보다 확실한 것은 두뇌 회전이 10여 년 전과 비교도 되지 않게 빨라졌다는 것이다. 그 당시 그는 정보 입력에 버퍼링이 심했다. 결정도 느리고 계산도 느렸다. 사람들이 멍청하다는 듯 쳐다보기도 하고 '머리가 안 좋아도 괜찮아'라고 위로해 주기도 했다. 하지만 독서로 달라진 현재는 어떤 새로운 정보를 접하더라도 일반인보다 훨씬 빠르게 처리한다. 그리고 기가 막힌 아이디어는 수없이 자주 떠오른다. 이제는 이전으로 돌아갈 수 없을 만큼 무언가가 크게 변해있었던 것이다.

> A씨는 '스무 살쯤에 IQ가 109 정도였는데, 29살에는 120
> 수준으로 올라가더라'라는 것이다. 처음 A씨 말에 신뢰하지
> 않았지만, 이것이 가능할까? 물론 IQ는 같은 나이대의 표준
> 편차를 의미하기 때문에 통상적으론 급격하게 변하기가 힘들
> 다. 그러나 상황에 따라 다소 변화한다. 전문가에 의하면 독
> 서를 하거나 여러 가지 훈련에 따라 IQ는 좋아진다고도 한
> 다.

그동안 A씨에게 특별했던 점은 책을 읽고 글을 쓴 것이다. A씨
는 카톡이나 게임을 끊고, 2년 남짓 동안 수백 권의 다양한 책을
읽고 그 내용들을 요약 정리한 것이다. 물론 모두 다 정독한 것도
아니고 개중에는 별로인 책도 많았지만, 독해력을 높이려 열심히
책을 읽으면서 내용도 주제별로 정리해서 썼던 것이다. 그런데 특
별한 건 본인이 느낄 만큼, 새로운 책을 읽고 글을 쓰면서, 새로
들어온 지식이 머릿속에서 다음 지식을 자극시키고, 다시 그다음
지식을 자극시키는 과정이 엄청난 속도로 진행됐던 것이다. 그리고
불어난 지식 덕분에 언어영역도 획기적으로 좋아진 것이다. 전문가
는 A씨가 파격적으로 성장한 것은 '두뇌 최적화' 바탕 위에 한마디
로 '독서의 복리 효과' 영향 때문이라는 말한다.

A씨처럼 20살부터 뇌의 복리 저축을 실천한 사람은, 아무 생각 없이 살아온 동갑내기 서른 살과는 차원이 다른 사람이 된 것이다. 이때부터는 책을 많이 읽지 않아도 자동으로 지식이 쌓인다. 배경 지식이 있기 때문에, 책이 아닌 영화만 보더라도 기존 지식이 발동해서 새로운 생각들을 만들어낸다. 사업 관련 책을 많이 읽은 사람이라면, 밥 먹으러 라면집에만 가더라도 메뉴 구성, 내부 인테리어, 직원 교육 정도, 가계의 순이익이 저절로 떠오를 것이다. 그 사람에겐 매일 만나는 수십 곳의 회사와 매장이 케이스 스터디가 된다. 뇌과학적으로 지식이 복리로 쌓이는 것이다. 반면 평소 아무 지식도 쌓지 않은 경우엔 아무리 좋은 게 앞에 있어도, 아무것도 발견하지 못하게 된다. 설사 뒤늦게 깨닫는다고 해도, 일찍 깨우친 사람과의 격차는 좁힐 수 없다. 남들도 계속 뛰고 있으니까. 복리로 벌어지는 격차는 시간에 따라 더욱 벌어지는 양극화 현상이 되기 때문이다.

그래서 복리는 일찍 시작의 중요성을 느끼게 한다. 한 살이라도 어릴 적부터 독서를 해야 하는 것이다. 요즘 초·중·고 때, 카톡이나 게임을 너무 많이 한다. 너무 아쉽다. 그들에게 '뇌의 복리' 개념을 제대로 이해시키고 깨닫게 만든다면 얼마나 보람된 일일까? 학부모로서 상상해본다.

사례2의 교훈

'성공한 A씨 사례'에서 필자는 다음과 같은 의문을 제기해 본다.

첫째, 타고난 머리가 특별히 노력한다고 좋아질 수가 있나?
둘째, '유전자 오작동'을 막아야 인생이 좋아진다는데 '클루지
　　　Kluge'란?
셋째, '뇌자극 독서'를 해야 지능이 좋아진다는데 무슨 말인가?
넷째, 독서를 하면 지식이 '복리'로 늘어난다고 하는데 이유는
　　　무엇일까?
다섯째, 성공하려면 메타인지력이 중요한데, 메타인지력이란?
여섯째, 성공하려면 뇌 과학 중심의 학습으로 두뇌를 최적화해
　　　야 한다고?
일곱째, 초연결 시대에 두뇌 생산성과 창의성을 높여야
　　　성공한다고?

　여기서 독자도 같은 의문점을 갖는다면, 머리 좋게 만드는 뇌과
학에 대해 관심이 많기 때문이다. 그래도 희망적인 것은 '뇌 과학
분야가 빠르게 발전해왔다'는 것이다. 최근에는 머리를 좋게 만드는
방법뿐만 아니라 머리를 효율적으로 쓰는 방법들도 책과 논문으로
여러 가지 발표되었다. 그리고 그것들은 복잡하지 않고, 실천하기

가 힘든 것도 아니다. 그것들은 평생 애써야 하는 게 아니라 간단한 습관만 만들어 놓으면 평생에 걸쳐 이득을 돌려주는 가성비 좋은 방법들이다.

만일 사례2를 읽고 별다른 의구심이 없다면, 여러분의 독해력을 의심해야 한다. 독해력이 떨어지면 책을 읽어봐도 무슨 말인지 알 수가 없고, 읽어도 얻는 게 없어 시간만 낭비되는 것처럼 느끼기 때문이다. 뿐만 아니라 돈 버는 일도 마찬가지로 머리가 돌아가지 않으면 안 된다. 무슨 일을 어떻게 해야 할지 모르는 체, 몸만 고생하다 포기하기 때문이다. 그래서 강조하는 것은 '누구든 독해력을 우선 높여야 한다'라는 것이다. 독서 이해 지능을 높이는 기본 독서를 좀 하라는 것이다.

이쯤 되면, 여러분은 '지능은 타고나는 게 아니냐?'라고 반문할 것이다. 그것은 그렇지 않다. 이유는 2부에서 밝힐 것이다. 다만, 지능을 높이려면, 자기 수준에 맞는 책부터 읽어서, 내용에 대한 기초 이해력을 어느 정도 높여야 한다. 그리고 인생 변화를 원한다면, 이 책에서 제시한 것들을 실천하라는 것이다. 책을 한번 읽어 이해가 안 되면, 독해력을 높인 후 또다시 읽어보기 바란다. 그리고 우선 지능이 무엇인지 의미와 차이점을 좀 더 알아보자.

지능지수와 성공지능의 차이는?

오래전부터 IQ 검사는 개인의 지능을 측정하는 도구로 쓰였다. 이 검사 결과로 나온 지능지수는 신체적 연령에 대한 정신 연령의 비율에 100을 곱한 수치를 나타낸다. 지능은 우리가 성공하거나 실패하는 데 중요한 차이를 낳는다고 여기는 요인이다. 하지만 정확히 지능이란 무엇일까? 지적 능력을 설명하고 잠재력을 적절히 나타내려면 지능을 어떻게 정의하고 측정해야 하는가? 하는 문제는 심리학자들이 이 개념을 측정하려고 노력해온 20세기 초반부터 100년 이상 존재해온 과제다. 물론 IQ는 같은 나이대의 표준편차를 의미하기 때문에 통상적으론 급격하게 변하기가 힘들다. 그러나 상황에 따라 다소 변화한다. 독서를 하거나 여러 가지 훈련에 따라 좋아진다고 한다.

그러나 기존의 개념에 대항하여 사람들의 능력을 더욱 광범위한 변수로 설명하자는 심리학자 하워드 가드너는 우리에게 여덟 종류의 다중 지능이 있다는 가설을 제시하였다.

논리 수학적 지능: 비판적으로 생각하고 숫자와 추상적 개념 등을 다루는 능력
공간적 지능: 3차원적 판단을 할 수 있고 마음의 눈으로 시

각화할 수 있는 능력

언어적 지능: 언어를 다루는 능력

운동 감각적 지능: 신체적인 민첩함과 몸을 통제하는 능력

음악적 지능: 소리, 박자, 음, 음악에 대한 민감성

대인관계 지능: 다른 사람을 '읽고' 잘 어울리는 능력

자기 이해 능력: 자기 자신에 대해 올바른 이해를 하고 자신의 지식, 능력을 정확히 판단하는 능력

자연 탐구 지능: 자연환경을 분류하고 관계를 맺는 능력(정원사, 사냥꾼, 요리사 감각적 지능)

가드너의 생각이 흥미로운 이유는 여러 가지가 있지만, 학습 유형 이론과 마찬가지로 다중 지능 모형은 교육자들이 제공하는 교육 경험을 다양화하는 데 도움이 되어왔다. 개인의 학습 능력에 한계가 있다는 잘못된 생각을 심어줄 수 있는 학습 유형 이론과 달리 다중 지능 이론은 타고난 능력을 더욱 다양하게 개발할 수 있게 해주었다.

심리학자 로버트 j 스턴버그는 다중 지능의 개념을 한 번 더 다듬어 더욱 유용하게 만들었다. 스턴버그는 여덟 가지 지능 대신 세 가지 지능을 포함하는 모형을 제시했다. 그 세 가지는 분석적, 창의적, 실용적 지능이다. 그리고 스턴버그는 실증적 연구를 통해 성과까지 입증했다.

반면, 성공지능은 '지식과 기술을 더 잘 배우고 활용해 유익한 가치를 창출하는 지능'이다. 그리고 그동안 이용해 온 지능지수와는 다르게 이 책에 정의해서 사용한 것이다. 뇌과학적으로 '지식과 기술을 더 잘 배우고 더 오래 기억하고 필요할 때 즉각 떠올려 활용하는' 최고의 학습법을 소개하기 위해서다. 그것이 바로 '뇌중심 학습법'이다.

> 뇌는 1,000억 개에 달하는 신경세포로 불과 1,000분의 1초만에 정보를 전달하는, 우리 몸에서 가장 강력하고 신비로운 기관이다. 그 신비를 파헤치기 위해 과학자들은 수십 년 동안 연구와 실험을 거듭했고 최근에 이르러서야 뇌가 생각과 행동, 기억, 심지어는 자아의식까지 지배하는 방법이 조금씩 밝혀졌다. 과제는 '이를 어떻게 현실에 적용할 것인가?'이다.
> ─《뇌과학지식 50》에서 인용)

제2부
성공과 실패 요인 분석에 따른
성공지능 만들기

(인지학, 뇌과학으로 성공지능을 높이는 학습법을 소개)

성공과 실패를 분석할 때, 우리는 130년 전 시작되어, 40여 년 전부터 시작된 뇌과학과 인지심리학의 연구 성과로 알게 된, 우리 뇌의 특성을 정확히 이해하는 것부터 시작해야 한다. 최소한 신경가소성, 클루지, 메타인지, 망각곡선 등을 알아야 하는 것이다.

그리고 성공지능을 높이는 뇌 최적화 학습도 잘해야 한다. 위에 열거한 뇌의 특성들은 서로 상반되는 경향이 있기 때문이다. 일례로 공부 잘해도 클루지(유전자 오작동)로 실패하기도 하고, 공부는 못했어도 돈 버는 재능을 잘 계발하면 성공하기도 하기 때문이다.

'난 머리가 나빠서 안 돼'라는 말은 하지 마라

과거에 '지능은 타고나고 고정되어 있다'고 믿었다. 사람의 지능은 유전자에 의해 거의 결정되며, 아무리 공부를 한다고 해도 성인이 된 후에는 더 발달하지 않는다고 믿었다. 하지만 최근 뇌 연구(신경가소성 Neuroplasticity)에 따르면, 뇌는 쓰면 쓸수록 좋아진다는 것이다. 인간의 뇌는 사용하기에 따라 없던 신경세포들을 새로 만들기 때문이다. '난 머리가 나빠서 안 돼' 따위의 말은 할 수 없는 세상이 왔다. 훈련에 따라서 IQ가 높아지는 것은 물론이고 상상 훈련만으로 몸의 근육이 단단해지기도 하기 때문이다.

『Neuroplasticity 신경가소성』MIT Essential Knowledge〉 연재의 대표 도서, 과학 작가 모헤브 코스탄디가 쓴 책이다.
이 책은 '신경은 어떻게 뻗어 나가고, 어떻게 회선을 정리할까? 어떤 종류의 자극이 뇌 재배선에 영향을 끼칠까? 신경 손상과 장애는 어떤 가능성을 만들어 낼까? 생애 주기에 따라 신경이 변하는 방식은 어떻게 달라질까' 등 신경가소성을 이해하기 위한 질문들에 답한다.

　뇌는 엄청난 잠재력을 갖고 있기 때문에, 훈련에 따라서 IQ가 높아지는 것은 물론이고 상상 훈련만으로 몸의 근육이 단단해지기도 한다고 한다. '난 머리가 나빠서 안 돼'라는 말은 할 수 없는 것이다. 2019년 11월 조은영 번역본에서 인용.

신경가소성을 알면 배움을 멈출 수 없는 세상이다.

　신경가소성이란? 바로 배움을 일으키는 메커니즘이다. 그것은 어린 시절에 최고조에 달한다. 뇌가 좀 더 융통성을 발휘하며, 새로운 자극을 끊임없이 받아들이기 때문이다. 이 시기 동안, 수많은 새로운 뉴런들이 '태어나며', 아이의 배움과 발전 능력을 향상시킨다. 이런 시절, 특히 5살까지는 발전에 매우 민감한 시기이다. 그리고 아이들은 새로운 것을 잘 받아들이는 것이 어른보다 훨씬 낫다. 악기를 새로 배우던, 외국어를 공부하던, 아니면 암기를 해도 어른보다 낫다. 하지만 나이가 들어도, 우리의 뇌는 새것을 얼마든지 배울 수 있다. 새 뉴런의 능력은 어마어마하기 때문이다. 따라서 우리는 배움을 끊임없이 지속해야 하고, 멈춰서는 안 된다.

> 신경가소성은 지식이나 경험이 쌓이면 새로운 신경이 성장하고 새로운 신경 연결망이 더해짐으로써 인간의 뇌가 변화하고 발달하는 능력을 일컫는다. 이때 뇌가 능동적으로 주의를 기울이는 정보가 바로 새로운 신경발생의 열쇠이다. 따라서 어린 시절 교육이 매우 중요하다. 육아 교육은 『행복한 가정의 비전(2005)』 필자 책에 5살까지 뇌과학적으로 육아 교육을 설명했고 부록에 일부 인용했으니 참조 바란다.

다만 수많은 요소들이 신경가소성 뉴런에 영향을 준다고 밝혀져 있다. 우선 좋은 쪽은 마음의 여유를 가지고, 적절한 운동을 해야 가소성에 좋다고 알려져 있다. 반면에 만성 스트레스, 노령, 그리고 어떤 혈액 성상은 가소성에 좋지 않다고 알려져 있다.

뇌의 지속적인 변화 가능성의 또 다른 중요한 신호는 기억과 지식을 통합하는 영역인 해마가 평생에 걸쳐 새로운 뉴런을 만들어낼 수 있다는 발견이다. 신경발생 혹은 신경세포 생성이라고 하는 이 현상은 뇌가 물리적 손상에서 회복하는 능력이나 인간의 평생학습 능력에서 중심 역할을 하는 것으로 보인다. 학습과 기억은 신경이 관여하는 과정이다. 인출 연습, 간격 두기, 예행연습, 규칙학습, 심성모형의 형성이 학습과 기억을 향상시킨다는 사실은 신경가소성의 증거다.

참고로 우리는 뉴런이라고 불리는 1,000억 개의 신경세포를 갖고 태어난다. 시냅스는 뉴런과 뉴런의 연결이며 뉴런들은 이곳을 통해 신호를 주고받는다. 시냅스의 수는 5살까지 최고조에 달한다. 이 수는 평균적인 성인의 뇌보다 50퍼센트 많다. 이후 안정기에 접어들면 그 상태가 사춘기 무렵까지 지속된다.

이 시기에는 시냅스를 가지치기하는 과정이 진행되면서 과잉 상태였던 시냅스의 수가 줄어들기 시작한다. 열여섯 살쯤 되면 약 150조 개로 추정되는 연결이 남는데, 이 정도가 성인으로서 적절한 시냅스의 개수다. 그런데 왜 아기의 뇌가 너무 많은 시냅스를 만들어내는지, 그 후 가지치기로 제거될 시냅스를 어떤 기준으로 결정하는지는 아직 모른다.

유전자 오작동(Kluge)을 막아야 인생이 풀린다

　대부분 사람은 유전자 오작동 때문에 인생을 갉아 먹힌다. 유전자 오작동을 이해하고 그걸 예방하는 사람만이 더 나은 삶을 향해 나아갈 수 있게 된다. 그럼 유전자 오작동이란 무엇일까? 우리의 유전적 본능은 수십만 년 동안 원시 환경에 맞게 진화했다. 말하자면 원시시대에 음식을 보면 무조건 먹어야 생존에 유리했다. 그래서 맛있는 음식을 보면 배불리 먹는다. 하지만 현대인에게 그런 본능은 오히려 성인병 위험 요소가 된다. 이 잘못된 본능이 바로 '쿨루지 Kluge'다. (시스템이 뒤엉켜, 오작동하는 컴퓨터)

　마치, 빛을 보고 날아가도록 프로그래밍한 나방이 가로등에 갇혀 죽고 말듯이, 진화상 유리했던 과거의 본능이 우리 머릿속에 남아 바이러스처럼 악영향을 끼친다. 우리 머리와 몸에 심어진 이 원초적 본능의 작동 방식을 잘 이해하지 않으면, 잘못된 판단을 거듭하며 평생 고통에 시달리게 된다는 것이다. "나는 왜 이걸 원하며,

이런 욕망은 어디에서 온 것인가?" 질문하며 쿨루지를 이해하고 극복한 사람은 그릇된 욕망의 덫에서 벗어나 인생에서 큰 자유를 얻을 수 있게 된다.

『Kluge 클루지』. 23살에 MIT에서 뇌와 인지과학 박사학위를 취득하고 30살의 나이에 종신 교수(tenure)가 된 스타 학자 개리 마커스 교수의 화제작이다.

인간의 진화는 완벽한 체계를 만들기 위해 처음부터 다시 시작하는 것이 아니라, 이미 존재하는 것에 계속 '땜질'을 해가는 속성을 지녔다는 것이다. 그러므로 인간은 진화론적으로 충분히 완성되지 않은 존재이며, 우리의 뇌는 수만 년 동안 지금 당장의 생존을 최대한 추구하도록 설계된 비합리적인 컴퓨터라는 것이다.

한마디로 유전자 오류 때문에 시의적절한 의사결정을 못 해서 실패하고, 인생이 꼬인다는 것이다. 참고로 진화심리학은 인간을 포함한 유기체의 기억, 지각, 언어와 같은 정신적 또는 심리적 특성들을 유기제가 환경에 적응한 결과로 설명하는 학문이다. 2008년 11월 최호영 번역본에서 인용)

유전자 오작동(클루지)을 이겨내는 훈련을 해야 한다

쿨루지를 자세히 읽으면, 수많은 유전자 오작동에 놀란다. 기억, 신념, 선택, 언어, 행복 등 불가사의한 인간 본성의 진실이 밝혀지기 때문이다. 예컨대 기억은 왜 그렇게 자주 기대를 저버리는 걸까? 왜 이토록 잘 속아 넘어가는 것일까? 우리는 왜 많은 돈을 쓸데없이 낭비하나? 책은 이렇듯 인간 본성의 가장 불가사의한 측면들에 대해서 지금까지 와는 사뭇 다른 견해를 제시한다. 우리의 도덕적 선택은 왜 종종 도덕적이지 않으며, 도덕적 직감은 왜 이토록 허술한지에 대한 통찰을 보여주고, 언어의 비밀을 파헤치며 무엇이 우리의 소통을 방해하는지 밝혀낸 것이다.

이 책은 우리를 정말로 행복하게 하는 것이 무엇인지 실마리를 제공한다. 인간이 가장 합리적일 필요가 있는 순간에도 엉뚱한 결정을 하고, 숙고에 따른 결정을 해야 맞는 것을 알면서도, 반사적인 판단으로 일을 망치거나 엉뚱한 결정을 하곤 한다. 진화를 통한 문제 해결 방식의 체득 결과가 세상의 모든 판단과 결과를 자연스럽게 클루지를 만들고 있다. 따라서 클루지를 이겨내는 전략적 훈련이 반드시 필요하다. 매 순간 합리적으로 '더 나은 의사결정'을 만들어내는 경험적이며 과학적으로 입증된 제안들을 연습하는 것이다. 그래야 바람직한 삶이 만들어지기 때문이다.

오작동을 이겨내는 13가지 훈련안(더 나은 의사결정)

1) 다양한 가설에 맞는 대안들을 함께 고려하라. 올바른 선택은 선택한 것뿐만 아니라, 여러 대체안들(2안, 3안)에 대한 고려도 종종 필요로 한다. (예: 시나리오경영)

2) 문제의 틀을 다시 짜고 질문을 재구성하라. 모든 문제를 하나

이상의 방식으로 물어보는 것은 잘못된 편향을 교정하는 강력한 수단이 될 수 있다. (예, '안락사 법규'를 살인적인 의사로부터 보호로 볼 것인가? 아니면 존엄하게 죽는 것을 허용하는 방법으로 볼 것인가?)

3) 상관관계가 인과관계가 아님을 명시하라. 상관관계와 인과관계를 혼동하는 자연적인 경향이 있다. 상관관계가 있어도 한 요인이 다른 요인에 원인일 것이라는 추론은 옳지 않다.

4) 표본의 크기를 잊지 말라. 2,000명 vs 200명의 여론조사에서 더욱 신뢰할 수 있는 것은? 수학적으로 표본이 클수록 신뢰성이 크다.

5) 자신의 충동을 예상하고 계획 시 미리 결정하라. 순간의 충동에 휩싸여 있을 때보다 미래를 계획할 때 결정이 더 좋은 결과가 되기 쉽다. 현명한 사람이다.

6) 막연히 목표만 정하지 말고 조건 계획을 세워라. 체중을 줄이겠다 vs 3kg을 줄여야지(X이면 Y이다) 형태로 바꾸면 성공 확률이 크게 높아진다.

7) 피로하거나 마음이 산란할 때는 되도록 중요한 결정을 내리지 말라. 합리적 결정을 선호한다면, 그것을 위한 '승리의 조건'을 마련할 필요가 있다. 중요한 결정을 내려야 할 때 승리의 조건이란 바로 적절한 휴식과 최대한의 주의집중이다.

8) 언제나 이익과 비용을 비교 평가하라. 하나를 하면 다른 것을

할 수 없다는 점을 잊지 말라. 기회비용을 생각하며 결정해야
한다.

9) 누군가가 자신의 결정을 지켜보고 있다고 상상하라. 자신의 결정을 다른 사람들에게 해명할 필요를 느끼는 사람들은 더 많은 인지적 노력을 기울이며, 따라서 관련 정보들을 더 자세히 분석하고, 더 세련된 결정을 내리는 경향이 있다.

10) 자신에게 거리를 두어라. 어떤 것을 내일도 원한다면 그것은 중요한 것일 가능성이 크다. 우리는 미래의 내가 현재의 결정에 대해 어떻게 느낄지를 되도록 자문해보아야 한다.

11) 생생한 것, 개인적인 것, 일화적인 것을 경계하라. 현재의 우리는 시간을 두고 그것에 대해 성찰하는 사치를 누릴 수 있다.

12) 우물을 파되 한 우물을 파라. 똑같은 조건이면 선택을 망설이지 마라. 다만, 가장 신중한 결정은 가장 중요한 선택을 위해 아껴 두어라.

13) 합리적으로 되려고 노력하라. 분석적 합리적이 되자고 스스로 되뇌는 것 자체만으로는 충분치 않을 것이다. 그러나 이것은 나머지 것들과 시너지 효과를 일으켜 여러분에게 도움을 줄 것이다.

상기 제안들은 생각의 함정을 피하고 생각의 무기를 가다듬는 13가지 특별한 방안이다. 인간 마음의 약점들을 가다듬는 훈련으

로, 진화를 통해 형성된 유전자 오류를 바로잡아 부드럽게 하기 위한 기법들이다. 요즘처럼 거짓 선전·선동이 만연할 때, 이 같은 합리적 훈련기법들은 우리 자신뿐만 아니라 사회에도 균형 잡힌 의사결정에 도움을 줄 수 있는 기회를 제공할 것이다.

예컨대, 현시대를 살아가는 우리에게 "자동차 사고 vs 뱀에 물려 죽는 사고" 중 어떤 것이 많은지 묻는다면 당연히 자동차 사고를 꼽을 것이다. 하지만 더 많은 사람들은 뱀에 물려 죽을 것을 더 크게 걱정한다고 한다. 그것은 진화의 관점에서 더 오랜 기간 습득한 공포 기제(뱀)가 비교적 짧은 기간 습득한 공포 기제(자동차)보다 우리의 판단에 더 깊게 관여하기 때문이다. 그 결과, 인간의 마음은 불완전하고, 때때로 엉뚱한 문제를 초래하는, 곧 클루지 상태가 되는 것이다. 때문에 클루지를 이겨내는 훈련을 하면, 일상생활에서 더 나은 의사결정을 하는 데 상당한 도움을 받을 수 있게 된다. 유전자 오작동을 막고, 더 나은 의사결정을 함으로 인생이 좋아지는 것이다.

빌 게이츠가 미국 전체 대학 졸업생에게 직접 선물한 책이 『Factfulness』이다. 그는 왜 졸업생 모두에게 선물했을까? 근래 이념적 선전·선동이 팽배하고, 조작과 거짓이 난무하는 세상에서 현실의 진실을 직시하라는 의미다. 최소한 사실을 바탕으로 세상을 똑바로 바라보라는 것이다.

개리 마커스는 말한다. "뇌의 진화는 우리에게 생각할 수 있는 능력을 부여했다. 그러나 그 생각이 오류가 없다고 보장하지는 않는다." 클루지는 '생각하는 사람'으로 잘 살기 위한 소중한 단서와 불완전하지만 고귀한 마음을 최대한 활용하는 독특한 기회를 제공한다. "한마디로 잘 살기 위해 매 순간 의사결정을 해야 하고, 더 나은 의사결정을 하려면 클루지를 이겨내야 하는 것이다." 그러려면 13가지 제안 훈련뿐만 아니라 좋은 책을 읽어서 좀 더 인지 지능을 높여야 한다. 저자 마커스는 생각의 함정에서 생각의 무기를 찾아내는 지혜를 선보인 것이다.

'뇌자극 독서법'으로 두뇌를 좋게 만든다

두뇌를 좋게 만들려면, 책을 읽고 글을 쓰는 것이 뇌과학적으로 매우 효과적이다. 독서하고 글을 쓰면 다양한 뇌의 영역이 서로 정보를 주고받으면서 활성화되고, 뇌세포의 증가로 뇌 신경망이 좀더 촘촘해지기 때문이다. 쉽게 말해, 좋은 내용의 책을 읽고, 목차나 주제별로 내 지식을 만든다면 두뇌가 좋아지는 것이다. 무엇보다 중요한 것은 독서한 내용을 자신의 글로 쓰는 것이다. 자신의 글로 쓴 내용만큼 두뇌에 자신의 지식으로 만들어지기 때문이다.

이해하기 쉽게 간단히 설명하면, 독서를 하면서 책의 내용을 한두 문단이라도 글을 써보는 사람과 '아. 이거 뭐 당연한 얘기를 하고 있군' 하면서 쓱 읽고 지나가는 사람의 머릿속엔 전혀 다른 것이 남는다. 전자의 경우에는 책 내용을 쓸 만큼 어떻게든 기억하지만, 후자의 경우엔 내용이 잘 기억나지 않는 이런저런 책의 제목만 머릿속에 남기 때문이다. 따라서 지능을 높이려면 책을 읽고 각

주제별로 무슨 내용이 있었는지 한두 문장은 반드시 적어야 한다.

필자가 강조할 것은 독서습관을 만들어야 한다는 것이다. 이유는 최신 장비로 뇌를 관찰해보면, 독서는 거의 모든 뇌 영역을 활성화해, 뇌세포를 증가시키고 지능을 상승시키기 때문이다. TV와 유튜브를 보거나 인터넷 게임을 할 때, 여행이나 데이트, 운동을 할 때

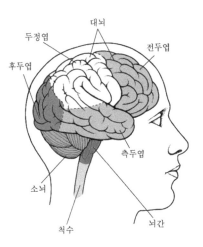

부분적으로 각각 다른 영역의 뇌를 사용하지만, 독서는 시각 정보를 담당하는 후두엽, 언어 지능 영역인 측두엽, 기억력과 사고력 등을 담당하는 전두엽과 좌뇌를 활성화한다. 책 내용에 따라서 감정과 운동을 관장하는 영역까지 활성화시킨다. 한마디로 좋은 독서는 뇌 전체를 사용하는 것이다. 성공할 두뇌를 만들려면 뇌 전체를 활성화하는 좋은 뇌자극 독서습관이 필요한 것이다.

그리고 책을 읽으려면, '자신에게 좋은 책을 골라' 읽는다. 정말 맞는 말이다. 좋은 책을 읽으면 과거에 살았던 가장 훌륭한 사람과 대화하는 것이기 때문이다. 예를 들어 주식이나 부동산 공부를 하

면서 혼자 낑낑거리고 있는데, 아는 형님이 한두 마디 툭 던져주면 머릿속이 딱 깨이면서 눈앞이 밝아올 때가 있다. 그런데 책이란 것은 동네 형님 정도가 아니라 당대 최고의 지식인과 전문가들이 평생 공부한 것을 압축해 놓은 것이다. 좋은 책을 많이 읽으면, 지식이 풍부해지고 지능이 높아진다. 정말 좋은 책을 골라 자신의 지식으로 만들면, 저자가 몇십 년에 걸쳐서 어렵게 습득한 지식과 진리를 단숨에 얻는 것이나 다름없기 때문이다.

> 사실, 책을 읽으면 머릿속에서 그 내용이 연상하는데, 뇌는 실제 경험과 이 연상을 구분하지 못한다. 그래서 독서는 간접경험이 아니라, 뇌의 지능을 높이는 직접 경험에 가까운 것이다. 그래서 독서를 하면 지능이 높아지고 머리가 좋아지는 것이다.

인간 두뇌의 특징은, 현재 존재하거나 감각으로 느낄 수 없는 사물도 떠올릴 수 있다는 것이다. 따라서 독서로 지식이 풍부해지면, 두뇌에서 공상하거나 새로운 아이디어를 고안할 수도 있다. 이러한 추상적 사고는 언어의 기반이자 과학, 종교 등 관념적인 주제에 대해 토의할 수 있는 능력의 기반이 된다.

인간에게 가장 중요한 언어 덕택에 우리는 서로의 의견을 공유하고, 대화, 쓰기, 읽기를 통해 지식을 넓힌다. 뿐만아니라 두뇌의 반추, 논리적 사고, 분석적 사고, 종합적 사고, 창의적 사고, 문제 해결, 과거에 대한 반성, 미래에 대한 상상 등이 가능하다. 특히, 생각하는 뇌는 능동적으로 미래를 구상하고 목표를 세울 수 있다. 다른 동물에게는 없는 능력이다. 이러한 이유로 인지학자들은 생각하는 뇌를 '창의적인 뇌, 또는 목표지향적 뇌'라고 부른다. 반면 반응은 느리고 집중이 필요하다. 에너지 소모가 심하고 쉽게 지친다. 게다가 생각하는 뇌는 한 번에 한 가지만 집중할 수 있다.

'뇌의 복리' 개념을 깨달아야 독서습관도 만들 수 있다.

지식을 높이는 데 있어, 설명하고 싶은 것은 '뇌의 복리'라는 개념이다. 예를 들어 뇌에 원래의 지식이 100 정도였다고 하자. 그리고 한 달에 한 권의 책을 읽으면 딱 1%의 지식증가가 이루어진다고 하자. 그렇게 1년에 12권씩 읽었다고 가정하면 10년 뒤 지식의 양은 얼마가 될까? 놀랍게도 330, 즉 3.3배가 된다. 겨우 한 달에 한 권 읽었을 뿐인데도! 중요한 건 머릿속에 새로 들어온 지식이 다음 지식을 자극시키고, 다시 그다음 지식을 자극시키는 과정이 엄청난 기하급수 속도로 진행됐다는 것이다. 자신도 모르게 복리로 불어난 지식 덕분에 지능도 획기적으로 좋아지는 것이다.

기하급수의 힘이 얼마나 큰지 보면, 예컨대 얇은 0.1m 종이를 42번 접으면 두께가 439,800km가 되어 지구에서 달까지 384,000km를 넘어선다. 이 엄청난 증가가 기하급수 힘이다. 지식 복리 증가도 마찬가지다.

지능을 높이는 지식 발달은 뇌 속에서뿐만 아니라 사람들 사이에서도 복리로 이루어진다. 주변을 둘러보면 쉽게 알 수 있다. 책을 잘 읽지 않는 사람들은 1년에 한 권도 안 읽는다. 이런 사람들은 책뿐만 아니라 신문조차 읽기 어려워하고, 인터넷에서 어떤 글을 봐도 이해하지 못해서 엉뚱한 소리를 하고 화를 낸다. 대화를 해봐도 답답하다. 그런데 평소 책을 많이 읽은 사람은 어떤 책이든 쉽게 소화하고, 책이 아닌 다른 글들도 잘 이해한다. 그러니 언제고 또 책을 집어 들고 고급 정보를 얻는다. 이 두 부류의 사람은 거의 모든 면에서 차이가 난다. 어휘의 양이나 이해의 속도는 물론이고, 가장 중요하게는 새로운 지식을 받아들이는 자세와 깊이에서 다르다. 꾸준한 독서로 단련된 사람은 새로운 지식이라도 기존 지식을 통해서 쉽게 흡수한다. 뛰어난 운동선수는 다른 종목의 운동도 쉽고 빠르게 배우는 것과 같다. 어느 교수가 말하길, '독서 빈부 격차는 경제적 빈부 격차보다 무서운 것으로 삶의 양극화를 만든다'라고 했다. '뇌의 복리'를 강조하는 말이다.

독서습관은 한 살이라도 어릴 때 만들어야 한다

사례에서 언급해 반복되지만, 독서의 양극화는 복리로 벌어지기 때문에 한 살이라도 어릴 때 독서를 시작해야 한다. 젊었을 적에는 아무런 투자도 하지 않다가 60세가 되어서 복리 저축 상품에 가입해 봤자 복리의 혜택은 별로 보지 못한다. 워런 버핏이 인생에서 후회되는 일 중 하나로 주식을 20대에 시작한 걸 꼽았다는 사실은 '좀 더 일찍 시작하기'의 중요성을 잘 보여주기 때문이다.

> 사실 요즘 초·중·고등학교 때 카톡이나 게임을 너무 많이 한다. 독서로 지식을 높여야 하는 시기인데 너무 아쉽다. 그들에게 '뇌의 복리' 개념을 제대로 이해시키고, 독서하도록 깨닫게 만든다면 얼마나 보람된 일일까? 학부모와 같이 해결해야 할 과업이라고 생각된다. (유대인은 13살 성인식 때부터 복리를 교육한다. 성인식 축의금을 시간은 돈이라는 복리로 투자하기 때문이다.)

독서습관은 여러분이 상상한 것보다 의외로 간단하다. '책을 읽고 글을 쓰는 것을 매일 1~2시간 정도 2년 이상 하면' 된다. 다만, 생활 습관이 되도록 만드는 것이 어렵다. 그리고 잊어서 안 되는 것은 책 내용 글쓰기이다. 독서한 지식이 완전한 나의 지식으로 굳히기 위해서 목차 주제별로 핵심을 요약해서 나의 글로 한두 문장

적는 것이다. 뇌과학적으로 책 내용을 설명하거나 내 글로 쓰는 것들이 진정 나의 지식이 되기 때문이다. 그리고 무엇보다 중요한 것은 그 지식이 나의 삶을 바꾸도록 그 내용을 몸소 실행하고, 실천할 때, 올바른 독서습관이 완성되는 것이다.

올바른 독서는 부모와 교육자의 지도가 중요하다.

올바른 독서는 교육에 있어 칭송과 찬양의 대상이다. 하지만 부모와 교육자들은 아동들이 무슨 책을 읽는가에 대해 놀라울 정도로 관심이 없고, 독서를 한다는 행위 자체에만 관심을 갖는다. 일반적으로 이것은 잘못된 것이다. 왜냐하면 책 내용이 다양해서, 정말 바람직한 내용일 수도 있으나, 폭력적인 내용도 있고, 무절제한 이념 내용처럼 악영향을 끼치는 내용일 수도 있기 때문이다. (이념적이고 폭력적인 책은 못 읽게 하는 것이 중요하다.)

결국 독서에서 가장 중점을 두어야 하는 것은 책 내용이 좋아야 한다. 아동이 읽는 책의 내용도 잘 모르면서 독서하라고만 하는 것은 '진통 효과에만 주목해서 아편을 주사하는 것'과 다를 바 없는 일이다. 그렇기에 최소한 보호자나 교육자가 아동이 읽는 책의 내용이 무엇인지 정도는 알고, 통제를 하거나 독서법에 대한 지도를 해야 한다. 뿐만 아니라 올바른 독서법은 부모의 솔선수범과 연령

대별로 맞게 시기적절한 교육을 해야 한다. 자녀들의 독서 능력은 나이별로 차이가 나고, 독서 방법도 아래처럼 여러 단계로 달리해야 하기 때문이다.

1) 독서 맹아기(0~6): 아직 글은 읽지 못한다. 음성언어를 활용하는 단계이다. 가장 중요한 시기이다. 특히, 5살까지는 두뇌에 수많은 뉴런이 생성되기 때문에 뇌 과학 중심의 체계적 자녀양육이 필요한 시기이다. ('행복한 가정의 비전'에 상세 설명)

이 시기는 유대인처럼 부모가 침대 머리에서 아이가 잠들 때까지 책을 다정한 음성으로 읽어주어, 부모의 음성으로 사랑을 느끼도록 하고, 책도 좋아하도록 만드는 시기이다. (아인슈타인)

> 아기는 태어나기도 전에 부모의 목소리를 인식하는 법을 배운다. 어린 아기에게 하루에 몇 분이라도 책을 읽어주는 것은 아기가 편안하게 당신의 목소리를 들을 수 있도록 하고 언어에 대한 노출을 증가시키는 것이다.

2) 독서 입문기(7~9세): 문자를 배우기 시작하는 시기다. 이때부터 아이가 책을 읽으면서 다음과 같은 내용도 학습한다고 한다.
- 책을 읽는 순서를 배운다. 문장을 왼쪽에서 오른쪽으로, 책을 앞장에서 뒷장으로 읽는 법 등 기초적인 순서들이

여기 해당한다.

- 글자는 어떤 의미를 전달하며 그런 의미에서 입으로 말하는 말과 관련이 있다. 문어와 구어의 차이도 배운다.
- 독서를 통해 가정생활은 물론, 학교에서 쓰이는 행동유형, 즉 학교문화도 알게 된다.

3) 기초 기능기(10~11세): 이 때부터 독해가 가능하다. 학교나 집에서 학습을 위한 글 읽기와 쓰기를 반복하면서 독서의 기초기능을 높이기 시작한다. 학부모와 교육자는 아동백과사전을 찾는 훈련을 하고, 아이 수준에 맞는 아동서적이나 WHY 시리즈 등 다양한 분야의 도서들을 접하도록 지도한다.

연구에 따르면 독서는 어린이의 교육 성과에 큰 영향을 미친다고 한다. 매일 책을 읽는 어린이는 그렇지 않은 어린이보다 읽기 시험에서 더 잘 수행할 뿐만 아니라 더 넓은 어휘를 개발하고 일반 지식을 늘리며 다른 문화에 대한 더 나은 이해를 발전시킨다. 부모는 '자녀가 책에 관심을 갖도록' 노력해야 한다. 자녀가 흥미를 느끼는 것이 무엇인지 알아보고, 흥미롭고 재미있는 책을 찾도록 돕고, 도서관이나 학교에서 가져온 책을 함께 읽으며 시간을 보내야 한다.

4) 기초 독해기(12~13세): 사고력이 발달하면서 좀 더 깊은 독

서가 가능해진다. 사고력으로 생략된 정보 추론, 비유의 이해와 표현의 적절성 판단을 할 수 있다. 이 시기에 책을 읽고, 목차 주제별로 요약 정리하는 것을 지도하며, 나아가 생활 습관화한다.

5) 고급 독해기(14~15세): 이 시기의 아이들은 독해를 넘어 글쓴이의 의도나 목적을 생각하고 글의 일관성, 구조를 파악할 수 있으며 이때부터 비판적 독서가 가능해진다.

6) 독서 전략기 & 독립 독서기(16세~): 이때부터 각자 자기만의 독서 목표를 세우고, 자신의 독서 상황을 조절하며, 전략적으로 책을 선정해 읽고, 요약 정리하며, 핵심을 실행 실천하는 것이다. 좋은 책으로 자신을 변화시켜 올바른 삶을 사는 것이다.

　　전략적 독서법: 핵심은 독서로 나의 삶을 어떻게 바꾸느냐 문제인데, 그러려면 독서하는 태도가 다음과 같아야 한다. 좋은 책을 읽을 때, 첫째, 공감되고 좋은 정보라 생각되는 문장에 형광펜으로 표시한다. 둘째, 형광이 표시된 부분만 읽으면서 이 말은 중요해서 잊지 말아야지 생각되는 부분에 밑줄을 긋는다. 셋째, 밑줄 그은 것을 나의 글로 노트에 옮겨 적는다. 넷째, 수시로 나의 글을 보면서 자신의 삶을 바꾸도록 행동하고 실천하는 것이다. 습관이 완성될 때까지 이를 반복해야 한다.

설령 당신이 유전적으로 머리가 좋아도, 그것을 발전시킬 방법을 모른다면, 그저 잠재력에 지나지 않는다. '뇌는 쓰면 쓸수록 좋아지기' 때문에 뇌를 잘 쓰는 훈련을 해야 한다. 나아가 두뇌를 좋게 만드는 최적화 교육까지 해야 한다. 인간의 뇌는 사용하기에 따라 없던 신경세포들을 새로 만들기 때문이다. 그래서 전략적이고 올바른 독서습관을 만들어야 하는 점을 강조한다.

참고로 유대인들은 경전(구약성서. 탈무드)으로 독서생활을 한다. 경전은 유대민족이 생존 번영하는 최고의 지혜이기 때문이다. 그들은 어렸을 때부터 경전에 나오는 설화들을 자녀에게 재미있게 읽어준다. 그리고 설화에 등장하는 인물과 동물들의 행동에 대해서 어떻게 생각하는지 묻는다. 자녀가 대답하면 왜 그렇게 생각하는지 부모는 또다시 질문한다. 그러면 아이는 대답을 찾아내려고 스스로 열심히 생각한다. 아이들의 사고력은 부모가 읽어주는 경전과 뇌자극 질문 토론을 통해서 자라나는 것이다.

특히, 유대인들은 "예 또는 아니오"의 단답을 원하는 질문을 하지 않고 "마따호세프(네 생각은 뭐니 또는 그것에 대해 어떻게 생각하니?)"라는 뇌자극 질문을 한다. 그리고 아이가 무슨 말을 해도, 왜 그렇게 생각했는지 이유를 물어보지만, 답변은 비판하거나 꾸짖지 않고 끝까지 들어준다.) (유대인 자녀교육법은 부록에 일부 추가했다.)

Tip1: 독서광 빌 게이츠 이야기(책 읽기는 선물이다)

"제 부모님은 저희들이 어렸을 때부터 책을 많이 읽고 스스로 사고하도록 격려했습니다. 그리고 책에서 정치까지 다양한 주제로 토론을 할 때 저희도 함께 참여하도록 하셨습니다." 게이츠는 이어서 말한다. "제가 어렸을 때 꿈이 많았는데 그것은 아마 제가 독서를 많이 할 기회가 있었기에 가능했던 것이라고 생각됩니다." 그가 어린 시절 카네기 도서관에서 "할머니께서 책을 읽어주신 것과 내게 좋은 적절한 책을 읽도록 도와준 것이 제가 독서를 좋아한 계기가 되었습니다"라고 말한다.

그가 소년 시절 애드가 라이스 버로우즈의 타잔 이야기에 빠져지는가 하면, 20권짜리 어린이 세계 백과사전을 읽으면 시간 가는 줄 모르고 식사도 건너뛰기 일쑤였다고 한다. (참고: 아인슈타인은 과학대백과사전을 시간 가는 줄 모르고 읽었다고 함) 그는 프랜클린 루즈벨트나 나폴레옹 보나파르트 등 시대의 위인들이 쓴 자서전도 열심히 읽었다. 그리고 달착륙 시대에 태어난 아이답게 과학 서적을 열심히 읽었다. 그는 항상 이 세계가 작동하는 원리에 대해 좀 더 배우고 싶기 때문이라고 한다. 폴 파머의 '세계를 고치는 방법' 본 룸보그의 산문집 '더 나은 세상을 만들기 위해 500억 달러를 쓰는 방법', 제프리 삭스의 '가난의 종말', 스티븐 레빗의 '초괴짜 경제학', 레온 해서의 '세계를 먹여 살린 남자', 케더린 부의 '아름다운 영원 뒤에서' 등등 너무 많아서 다 열거할 수 없다.

그가 가장 좋아하는 책 중 하나가 '파인만 씨, 농담이시죠?'인데, 게이츠가 존경하는 노벨상 수상 과학자 리차드 파인만에 대한 일화 모음집이다. 리차드 도킨스가 인간 진화에 대한 연구로 1970년대 중반에 펴낸 고전작 '이기적 유전자'는 그에게 심오한 영향을 끼쳤다. 게이츠가 처음 프로그래밍을 접했을 때 가장 도움이 된 책은 스탠포드대학의 명예교수 도날드 크누트가 쓴 '컴퓨터 프로그래밍의 예술'이다. 기타 과학 관련 도서로 '바보를 위한 기상학', 바보를 위한 물리학', 거대한 분자들 나이론에서 나노튜브까지', 개의 털과 다른 과학적 발견', '스티브 잡스의 평전' 등이 있다.

> "브룩스의 책을 보면 강한 사업을 만드는 것과 가치 창조의 법칙은 변하지 않았다는 것을 알 수 있다. 우선 각 사업마다 거기에는 인간적인 변수가 있다. 아무리 완벽한 제품과 생산 계획, 그리고 마케팅 전략이 있다고 하더라도, 그것들을 이끌고 나가며 현실로 만들어 줄 인재들이 없으면 안 되는 것이다."라며 빌 게이츠는 최고의 인재를 찾아 같이 팀을 만들어 일하는 것을 즐겼다고 한다.

빌 게이츠는 대학 중퇴를 했지만, 다양한 최고의 책과 최고의 인재들로부터 엄청난 성공지능을 만들어 사업에 성공한 것이다. 물론 고등학교까지 수학과 과학을 잘하고 컴퓨터 프로그램도 잘 만들었다.

성공하려면 메타인지력이 중요하다

메타인지란? 쉽게 말해 자신을 객관적으로 아는 능력이다. 일반적으로 '내가 뭔가를 아는지 모르는지 아는 능력'이라고 정의한다. 성공하려면 의사결정을 잘해야 한다. 예컨대 주식으로 돈을 벌려면, 남들은 자의식에 사로잡혀 망할 주식에 달려들 때 재빠르게 이익 남기고 손절하는 안목, 남들이 덜덜 떠는 폭락장에서 싸게 매집하는 배짱을 키우면 된다. 남들 말만 듣고 가게를 차리거나, 자기 아집에 사로잡혀 사업을 벌이는 사람은 인생이 꼬이지만, 메타인지를 최적화해서 남들이 보지 못하는 기회를 포착하면 인생이란 게임이 진행될수록 당신은 레벨업된다.

좀 더 쉽게 설명하자면, 가령 본인이 객관적으로 1억 원을 받을 만한 가치가 있는 사람이라고 하자(객관적 사실). 그런데 사람마다 각기 판단이 다를 수 있다. 누군가가 '난 연봉 2억 원은 받아야 하는데?'하고 착각할 수도 있고, '난 5,000만 원이면 되는데 과분하게 받고 있어'라고 생각할 수도 있다. 자신이 1억을 받고 있는데 '이 정도가 맞아'라고 판단한다면, 진짜 좋은 메타인지를 갖고 있는 것이다. 이렇게 자신에 대해 객관적으로 판단할 수 있는 능력, 이걸 메타인지라고 부른다.

『메타인지 학습법』 컬럼비아대학교 교수이자 메타인지심리학의 대가 리사 손 교수가 전하는 메타인지 학습법은 같은 시간을 공부해도 다른 결과를 내는 이유, 열심히 공부는 하지만 아이의 성적에 변화가 없을 때 살펴볼 문제들, '생각의 힘=내면의 힘'이 강한 아이로 키우는 방법들을 수많은 연구 결과를 토대로 과학적으로 설명하고 있다.

그는 인간의 학습과 기억, 메타인지를 전문으로 다루며 학습 방법과 장기기억 보유의 최적화를 연구하고 있다. 학습과 메타인지에 대한 연구를 통해 나이와 상관없이 모든 사람을 위한 일반 교육을 개선할 수 있다고 믿는다. 한국 풀브라이트 학자로 2회 선정되었다. 지은 책으로『임포스터』,『메타인지 학습법』이 있다.

따지고 보면, 메타인지란 좀 묘한 능력이다. 수학이나 암기나 운동 등을 잘하는 능력이 아니라, '자신의 능력을 아는 능력'이기 때문이다. 그래서 메타인지가 그 어떤 지능보다 중요하다는 말들을 많이 한다. 왜냐하면 메타인지는 획득하기 매우 어려운 복합적인 능력이기 때문이다. 이게 가능하려면 높은 지능, 실행을 통한 시행착오, 분석력 등 종합적인 능력이 필요하다.

인지심리학자들은 자신의 생각을 지켜보는 것을 상위인지(메타인지)라고 부른다. 메타는 about(~에 대하여)의 그리스 표현이다. 정확한 자기 관찰자가 되는 법을 배우는 것은 막다른 길을 피해 제대로 결정을 내리고 다음에는 어떻게 더 잘할 수 있을지 돌아보는 데 도움이 된다. 여기서 중요한 것은 자신을 속일 수 있는 방식을 잘 판단하는 것이다. 이러한 판단력이 부족하면 자신이 뭔가를 언제 알게 되었는지 알 수 없다. 또 다른 문제는 우리의 판단이 어마어마하게 다양한 방식으로 잘못 인도될 수 있다는 점이다.

다시 정리하자면, 메타인지란? 이 범위를 더 크게 잡아서 '자신을 객관화할 수 있는 능력'이다. 이렇게 자기 객관화가 잘되면 의사결정력이 전반적으로 높아진다. 본인에게 무엇이 부족한지 알기 때문에 이 부분을 보완하려고 애쓰게 되어 저절로 발전이 이루어진다. 굳이 애써서 동기부여를 받을 필요가 없고, 엉뚱한 데에 헛심쓸 일도 없다. 훌륭한 운동선수 옆에 좋은 코치가 붙어 있듯이, 본인에게 부족한 점들을 착착 찾아서 연마하는 데 인생이 발전할 수밖에 없다.

메타인지력을 높여야 실수와 실패가 줄어든다

속담에 "빈 깡통 소리가 요란하고, 곡식은 잘 익을수록 고개를 숙인다"라는 말이 있다. 그래프를 보면, 지혜가 적을 때, 아는 게 별로 없을 때, 최고의 자신감을 보인다.

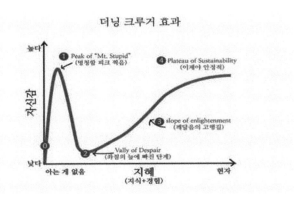

일반적으로 아는 게 없는 사람일수록 자신만만한, 반면 꽤 실력이 있는 사람은 오히려 지나치게 겸손한 현상을 보인다. '더닝-크루커 효과'처럼, 뭘 모르는 젊은 사람들은 메타인지력이 부족하다. 그래서 뭘 모르는지 몰라 잘못하고, 뭘 모르고 시작한 일에서 뭘 모르기 때문에 실수와 실패를 자주 할 수밖에 없다. 그렇게 부족한 부문을 배우고 직간접 경험을 쌓고 나면 메타인지가 높아져서 실수와 잘못이 줄어들고, 의사결정도 올바르게 하게 된다. 결론적으로 젊어서 메타인지를 높여야 인생을 성공적으로 변화시킬 수 있다는 것이다.

메타인지력을 높이는 방법은 독서와 실행·실천이다

그렇다면 메타인지를 어떻게 개발할 수 있을까? 메타인지를 높이는 방법은 2가지가 필요하다. 바로 독서와 실행력이다. 독서가 첫 번째 방법이다. 다시 말해 '독서는 각 시대에 지적으로 가장 훌륭했던 사람들과 만나는 것이다'. 그래서 책을 읽으면 저절로 겸손해지고 내 수준을 잘 알게 된다. 무지함에서 비롯된 자신감의 봉우리에서 빨리 내려올 수 있다. 내가 뭘 알고 뭘 모르는지를 가장 확실하게 알려주는 게 독서다.

> 자의식이 과잉인 사람이 책을 안 읽는 경우, 스스로를 잘났다고 생각하고 오만에 빠지게 된다. 그런 사람의 판단은 대부분 어리석고 아무런 성취도 이뤄내지 못한다. 겸손함이 없는 이유는 간단하다. 본인의 상상 속에서 '난 똑똑해'라고 합리화하는 것이다.

그리고 두 번째 방법은 실행·실천이다. 실행과 실천없이 '메타인지력'을 높일 수 없다. 자 어떤 사람이 트랜드 책들을 읽고 생겨난 자신감을 바탕으로 사업을 벌이면 어떻게 될까? 초기엔 모든 지식을 흡수하며 자신만만한 상태가 된다. 당연히 대부분 실패한다. 그제야 자신이 얼마나 어리석고 멍청한지를 알게 된다. 이때 충격은 메타인지력을 높이는 것이다. 예컨대 'A라는 아이템으로 B라는 마케팅을 하면 1억이 벌릴 거야.' 이 생각이 맞는지 검증해볼 수 있다. 내가 예상한 게 정말 맞는지 현실의 결과로 드러난다. 결과는 어떤 변명도 통하지 않는다. 예상이 틀렸다면 '내가 아직 모자라구나'하고 스스로 반성할 수 있는 계기가 된다. 이 과정에서 메타인지력이 상승한다. 현실의 사업은 내 생각이 망상인지 아닌지 준엄하게 판정해 주기 때문이다.

> 꼭 사업을 하라는 이야기가 아니다. 본인이 어떤 시험에 도전하거나 현재 직장에서 맡은 일이 있다면 목표를 세우고 결과를 예측해보라는 것이다. 그냥 머릿속으로만 자신만만히 하지 말고, 구체적인 목표를 세운 다음 실행을 하라는 것이다. 시험에 100퍼센트 합격할 거라 장담했는데 실패했다면 시험 준비 과정에서 뭐가 잘못됐는지 점검하면 된다. 직장이라면 자기가 목표하는 바를 주변 사람들에게 알리고, 목표 달성을 향해 정진한다. 목표를 초과 달성했든 실패했든, 결과를 보면 메타인지가 상승하게 된다.

책과 인터넷에서 실행 없이 '메타인지 높이는 법' 따위는 잊어라. 직접 부딪치는 과정을 통해 본인이 얼마나 보잘것없는 존재인지 인지하면서 뇌를 최적화해야 한다. 단순히 책에만 빠져 관념 속에 살아가는 게 아니라 실행을 통해 실패하며 자신의 위치를 정확히 파악해야 한다. 이것이 메타인지력을 높이는 최선의 방법이기 때문이다.

책만 수천 권 읽은 헛똑똑이들이 탄생하는 이유다. 실천 경험과 시행착오 없는 상황에서는 아무리 책을 읽고 머리를 좋게 만들어도 의미가 없다. 영어 공부를 할 때, 독해와 문법, 리스닝 등을 따로 하는 게 별 의미가 없다는 말을 들어보았을 것이다. 필자도 어렸을 때는 어휘와 독해 위주로만 공부했는데, 아주 좋지 않은 공부법이었다는 걸 나중에 깨달았다. 가장 좋은 언어 습득 방법은 스피킹, 리스닝, 리딩, 라이팅, 독해 등을 같이 훈련하는 것이다.

필자가 이렇게 실행을 강조하는 건, 역설적으로 뭔가를 실행하는 사람이 거의 없기 때문이다. 앞서 클루지를 설명할 때 말했듯이, 인간은 그렇게 진화했다. 그러니 본인에게 실행력이 부족하다고 좌절할 필요는 없다. 인간으로서 당연한 것이다. 사실 필자도 실행력이 아주 떨어지는 사람이다. 뭔가를 하고 싶어 하면서도 그 일을 계속 미룬다. 저 또한 원시 유전자에 지배받는 인간이기 때문이다. 그런데 성공한 사람은 유전자의 오작동을 이겨내고, 독서로 일깨웠고, 실행이 남보다 앞섰고, 결국 인생의 지름길로 들어선 것이다. 그리고 돈 시간, 성공의 완전한 자유를 얻은 것이다.

성공하려면 뇌를 과학적으로 최적화해야 한다

최근 뇌과학과 인지과학 분야에서 지능을 높여 머리 좋아지게 하는 방법들이 속속 발표되고 있다. 뿐만 아니라 머리를 효율화 하는 방법들과 뇌를 최적화하는 학습법도 개발되었다. 책 『어떻게 공부할 것인가?』가 대표적이다. 내용은 '학습법의 과학화'이다. 지능을 높이려고 평생 애써야 하는 게 아니라 인출 연습을 잘하고, 망각시간을 고려한 복습만 잘하면 평생에 걸쳐 이득을 주는 가성비 좋은 것이다. 과학적 학습법으로 뇌를 최적화하는 것이다. 한마디로 뇌 중심의 '진짜 공부법'이다.

『어떻게 공부할 것인가?』, '학습의 과학'을 집대성하는 이 책의 집필 과정은 대규모의 공동 프로젝트였다. 학습과 기억 연구에 매진해온 저명한 인지과학자 헨리 뢰디거와 마크 맥대니얼, 그리고 작가인 피터 브라운이 한 팀이 되어 3년이 넘는 기간 동안 집필했고, 수 많은 사람들과 단체의 도움을 받았다.

이 책은 2002년 제임스 S. 맥도널 재단이 자금을 지원한 '교육 현장 개선을 위한 인지심리학의 응용' 연구 덕분에 탄생했다. 책임 연구원 헨리 뢰디거를 비롯한 마크 맥대니얼과 9명의 학자들로 구성된 연구팀은 10년에 걸쳐 인지과학을 교육학에 적용하는 합동 연구를 수행했다. 또한, 하버드대학교 출판부에서는 인지과학자 5명을 별도로 선임하여 출간 전 원고의 세부 사항을 철저하게 검증했다. - 2014년 12월 국내 출간에서 인용

일반적으로 더 적은 시간을 공부해도, 더 많은 것을 기억하고 더 어려운 문제를 해결하는 사람이 있는가 하면, 더 많은 시간을 쏟아부어도 기억을 못하고 쉬운 문제도 못 푸는 사람들도 있다. 많은 사람들이 이를 '지능'의 차이라고 말한다. 지능의 차이는 분명 존재한다. 그럼, 그게 전부일까? 지능의 차이로 원인을 돌리면 마음은 편하다. '어차피 지능빨이니까 안 해도 돼!'라며 노력하지 않는 것에 핑계를 댈 수 있기 때문이다.

> 그렇지만, 세계적인 인지 심리학자들과 뇌과학자들은 지능의 영향은 분명 존재하나, 제한적이라고 말한다. '밑줄 긋기', '반복해서 읽기' 같은 '가짜 공부법'이 아니라, 뇌를 효율적으로 활용하는 '진짜 공부법'만 익힌다면 누구나, 심지어 뇌의 일부분을 다친 사람들도 뛰어난 학습성과를 보일 수 있다고 말한다.

그럼 이들이 말하는 '진짜 공부법'은 뭘까? 뇌를 최적화하는 것이다. 『어떻게 공부할 것인가?』와 세계적인 브레인 코치 '짐 퀵'의 『마

지막 몰입』에서는 뇌과학에 기초해 다양한 방법들을 소개한다. 최적화하는 여러 방법이 있지만, 책에서 공통적으로 강조하는 바를 두 개의 키워드로 요약할 수 있다. 바로 '인출 연습'과 '시간 간격'이다. 각각의 키워드가 의미하는 바를 하나하나 살펴본다.

두뇌 최적화의 첫 번째는 '지식인출 연습'이다

한마디로 읽거나 듣기만 하지 말고, 능동적으로 꺼내 보는 질문하고 대답하기, 글쓰기, 시험 보기 등을 연습해야 한다는 것이다. 읽기와 듣기의 수동적 학습을 반복하면, '아는 것'보다는 '안다고 생각하는 것'만 쌓이게 된다. 책을 한 두 번 읽고 나서 다시 그 페이지를 펼쳐보면, 이미 봤던 내용이기에 굉장히 익숙하다. 그래서 '아, 이거 아는 거네.' 하고 생각하기 쉽다. 그런데 막상 배운 내용을 설명해보라고 시키거나, 써보도록 하면 '아는 것은 써도 안다고 생각했던 것들은 쓸 수 없다.' 익숙함과 배움을 착각한 결과다. 이를 방지하기 위해서 주기적인 인출 연습이 필요하다.

• 대표적인 지식인출 연습은 '시험 보기'가 있다.

공부(Study)와 시험(Test)을 서로 다른 방법으로 다음처럼 진행하고 2일 뒤 최종 시험을 치렀다. 그리고 학습성과 차이를 분석했다.

4 study 4 test(ST ST ST ST Final recall)	0.39 (2배의 학습성과)
6 study 2 test (ST SS ST SS Final recall)	0.25
8 study 0 test (SS SS SS SS Final recall)	0.17 (낮은 학습성과)

　　피실험자 집단은 0번, 2번, 4번 시험을 치른 집단으로 나뉘었다. 4번 공부하고 4번 시험을 치렀던 집단이 8번 공부하고 시험은 0번 치른 집단에 비해 약 2배의 월등한 학습성과를 보인 것을 발견했다. 이 결과가 말해주는 간단한 사실은 '당신이 무언가를 학습하고 나서 2일 후에 학습한 것을 보다 잘 기억하고 싶다면, '시험 인출 연습을 해야 한다'는 것이다.

　　실용적으로 '질문하고 대답하기'는 매우 좋은 인출 연습이다. 예를 들어, 강의를 듣거나 책을 읽은 후, 혼자서 질문을 던지는 것이다. '핵심 내용이 무엇인가? 생소한 용어나 내용은 무엇인가? 그것을 어떻게 정의할 것인가? 어떤 예가 있을까? 내가 이미 알고 있는 지식과 어떻게 연결되는가?' 등등, 그리고 혼자서 머릿속으로 각 질문에 답을 생각하고 정리해 보는 것이다. 간단히 반추하거나 연상하면서 시험 보는 것이다(유대인 부모의 질문, 토론 효과).

　　학교에서 통용되는 반추의 한 형태로는 '학습을 위한 글쓰기'를 들 수 있다. 요컨대 학생들은 최근 수업에서 배운 주제에 대해 반추하며 짧은 글쓰기 과제를 한다. 이 글에서 수업의 중심 내용을 자기만의 언어로 다시 표현하기도 하고 해당 수업 혹은 다른 수업에서 배운 다른 지식과 연관 지어 보기도 한다. 반추하는 동안 다양한 인지의 활동(인출, 정교화, 생성)에 따라오는 학습상의 이득은 실증적 연구들을 통해 입증되었다.

> 여러분이 무언가를 계속 반복해서 공부하기만 한다고 가정하자. 가령 책을 읽고 또 읽고 다시 읽기만 반복하기만한 학생처럼 말이다. 여러분이 기억에서 지식을 꺼내 보는 인출 연습은 하지 않고, 실제로 지식을 활용해보지도 않으면서 기억의 지식을 꺼내 보지(recall) 않는다면, 글쎄, 학습효과가 크지 않으며 별로 없을 것이다. 연구 결과 '평가목적이 아닌 인출목적으로 잦은 시험은 학습효과를 높이고 시험에 대한 불안감도 없애는 긍정적인 효과가 있었다'고 한다.

- '가르치기'가 가장 좋은 인출 방법이다.

반복하지만 인출 연습에는 여러 방법이 있다. 뭘 배웠지? 반추하거나 연상하기, 배운 내용 말하거나 써보기, 직접 문제 만들어보기, 다른 사람 가르치기 등등. 특히 책에서는 '다른 사람 가르치기'가 굉장히 효과적인 학습법이라고 강조한다. 다른 사람에게 내용을 가르치려면 내용을 알아야 할 뿐만 아니라 논리적으로 내용을 재구조화해야 하기 때문이다. 거기에 설명하는 과정을 통해 다시 한번 자신이 제대로 이해했는지 점검할 수 있다(상호 '질의·토론·설명'의 중요성을 강조하는 이유임).

중·고등학교 시절 야간 자습 시간을 떠올려 보시기 바란다. 학창 시절 '야자' 할 때 뭐 가르쳐 달라고 하면 바쁘다고 자기 공부만 하는 녀석들은 대개 1등이 아니다. 어중간하게 공부 잘하는 녀석들이다. 반 1등, 전교 1등은 뭐 알려 달라 그러면 적극적으로 알려주고 선생님처럼 이해시키려 노력하는 경우가 많았던 것 같다. 1등들은 친구들을 자주 가르치면서 '가르치는 행위'가 얼마나 학습에 도움이 되는지 경험적으로 알았던 것은 아닐까? (유대인은 자녀가 그날 배운 것을 상세히 설명하도록 질문하고, 나아가 부모를 가르치도록 유도한다. 매우 좋은 인출 방법인 것이다.)

두뇌 최적화의 두 번째는 '시간 간격'이다.

시간 간격이 두뇌 생산성을 좌우한다. 무언가를 학습하거나 일을 하는 등 '생산성'이 필요할 때 우리는 '시간 간격'을 잘 활용해야 한다. '시간 간격'을 효과적으로 이용할 수 있는 방법은 크게 '쉬는 시간 갖기'와 '시간 간격 두고 복습하기' 2가지가 있다.

- 학습 중간에 '쉬는 시간 갖기'

우선 쉬는 시간 갖기는 말 그대로 학습이나 작업 중간 쉬는 시간을 가지라는 것이다. '너무 뻔한 거 아니야?' 생각하실 수도 있는데, 관건은 쉬는 시간의 존재 여부가 아니라, '얼마나 자주 쉴 것인가?'이다. 학습 연구 결과에 따르면 우리의 집중력은 10~40분 사이에 자연스럽게 떨어진다고 한다. 그러니 40분 이내의 시간 동안 집중한 후, 휴식 시간을 갖고 다시 시작하는 게 우리의 집중력을 극대화할 수 있는 방법이라 할 수 있다. 초등학교 수업이 한 교시에 40분인 데는 이유가 있다.

이 원리를 잘 활용하는 기법이 있다. 바로 포모도로 기법이다. 핵심은 25분간 학습을 한 후 5분간 휴식을 취하라는 것이다. 이 방법이 효과적인 이유는, '초두 효과'와 '최신 효과'를 극대화할 수 있기 때문이다. 여러분이 수십 명이 모이는 파티에 참석했다고 생각해보자. 아마 처음 인사한 몇 명은 기억할 거고, 파티를 떠나기 직전에 함께 있던 한두 명도 기억할 것이다. 그러나 파티가 한창일 때 인사한 사람이나 스쳐 지나간 사람들은 기억하기 어렵다. 처음 몇 명을 잘 기억하는 것은 '초두 효과' 덕분이고, 마지막 몇 명을 기억하는 것은 '최신 효과' 덕분이다.

만일 25분 주기로 공부 시간과 휴식을 가지면, 자연스레 초두 효과와 최신 효과를 더 여러 번 누릴 수 있는 효과가 있어 학습 효율이 큰 폭으로 향상된다. 물론 한 번 쉴 때 5분 정도만 쉬는 것이 좋다. 이것은 '공부'뿐만 아니라 생산성이 필요한 모든 일, 독서, 글쓰기, 업무에도 이 포모도로 기법을 적용할 수 있다. (이태리말인 포모도로는 토마토 모양의 타이머 시계이다)

> '마지막 몰입'에서 짐 퀵은 자신의 책도 포모도로 기법으로 읽기를 추천한다. 실제로 25분간 읽은 후 5분 동안은 읽은 내용을 연상하며 복기하는 과정을 거치니 다른 책에 비해 훨씬 깊게 내용이 이해되고 오래 기억에 남는 것을 경험할 수 있었다고 한다('배움의 습관': 오카다 아키도).

• 시간 간격 두고 복습하기:

'망각시간'에 맞춘 복습이 두뇌 최적화 학습법이다. '복습이 중요하다'는 조언만큼 선생님이 자주 하는 잔소리가 없던 것 같다. 그런데, 구체적으로 '언제', '어떻게' 복습을 하라고 알려주는 선생님도 별로 없었던 것 같다. 지금부터 최적의 방법인 '망각시간'에 맞춰 복습하기를 소개한다. 에빙하우스의 망각 이론에 근거한 '시간 간격 두고' 복습하는 방법이다. 그래프처럼 망각률과 복습 횟수에 때라 적절한 시간 간격을 두고 복습하는 것이다.

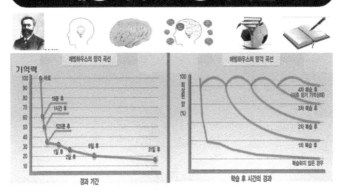

그래프에서 5번의 시간 간격 복습 중에서 무엇보다 중요한 첫 번째 복습은 학습 후 10분 이내에 '뭘 배웠지?'라며 반추하면서 뇌자극 질문들을 통한 학습한 내용을 연상하는 것이다. (주의: 이때 배운 것 전체가 떠오르지 않으면 책이나 노트를 보면서 전체 내용을 명확히 떠오르도록 해야 한다.)

에빙하우스의 망각곡선은 학습 후 시간이 지남에 따라 우리가 내용을 망각하는 정도를 그래프로 표현한 것이다. 그래프를 보면 학습 후 20분이 지나면 대략 40%를 망각하고, 1시간이 지나면 약 60%, 하루 이틀이 지나면 70~80%를 망각하게 된다. 이를 방지하기 위해 복습이 중요한데, 단순히 여러 번 보는 것이 아니라 망각률과 반복 횟수에 때라 적절한 시간 간격을 두고 복습하는 것이다. 최초의 복습은 학습 후 10분 이내, 2번째 복습은 1일 이내, 3번째는 1주일 이내, 4번째는 1달 이내, 5번째는 6개월 이내 하는 것이다. 이유는 그때야 망각이 일어나기 때문이다.(m: 분, h: 시간, D: 일)

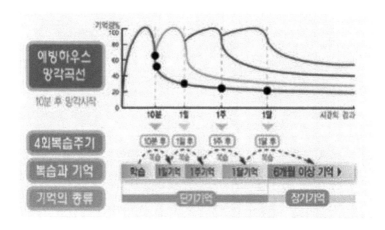

망각은 안 좋은 것 아닌가? 하실 수 있는데, 전혀 잊은 것도 없고 완벽하게 기억이 난다면 복습할 이유가 없다. 사람은 망각하기 때문에 어느 정도의 인지적 노력이 필요한 일을 할 때 우리는 더 흥미를 느끼고 몰입하게 된단다. 망각률 차이 때문에 간격을 두고 인출하면 인출할 때마다 많은 노력과 에너지가 필요하다. 이런 인지적 고통이 있어야 우리는 학습 내용을 더 의미 있는 학습 과정으로 인식하고 집중한다. 이렇게 노력을 들여 배운 지식은 오래 기억에 남는다.

"기억하세요! 학습한 것을 소상히 설명하고 가르쳐야 오래 기억합니다." 학습효과 효율성 지표를 보면, 강의 듣기 5%, 읽기 10%, 시청각 수업 듣기 20%, 시범 강의 보기 30%, 집단 토의 50%, 실제 해보기 75%, 서로 설명하기 90%, 가르치기 100% 등이다. 그래서 자녀가 그날 배운 것을 친구들과 상호 질의 토의하고, 부모에게 소상히 설명하도록 분위기를 만들며, 나아가 부모를 가르칠 수 있도록 유도 질문하는 것은 매우 좋은 방법인 것이다.

뇌과학을 기반으로 한 학습에서 가장 중요한 것은 지식이나 경험이 쌓이면 새로운 신경이 성장하고 새로운 신경 연결망이 더해짐으로써 인간의 뇌가 변화하고 발달하는 능력을 일컫는다. 이때 뇌가 능동적으로 주의를 기울이는 정보가 바로 새로운 신경발생의 열쇠이다. 그러나 수동적 학습 환경에서는 뇌에 아무런 자극도 가해지지 않는다. 수업 시간에 학생들의 뇌가 아무 일도 하지 않는 것이다. 전문가들은 특히 '질의, 토론, 설명'의 중요성을 강조한다. 그것이 능동적 학습의 가장 효과적인 학습법이자 사회에서도 도움이 되는 실질적인 교육이기 때문이다. 우리는 언제든 학생들이 주의를 기울여 스스로 배우고 가르치도록 능동적 학습환경을 만들어야 한다.

성공지능의 최적화는 3단계의 과정을 거친다

먼저 부호화는 정보가 잘 짜인 지식의 표상으로 장기기억에 통합되기 전에 단기 기억 수준에서 일어난다. 통합은 기억 흔적으로 재조직하고 안정시키며, 의미를 부여하고, 과거의 경험 및 장기기억에 저장된 지식과 연결을 형성한다. 인출은 기억을 새롭게 하고 필요할 때 그 기억을 적용할 수 있게 한다.

학습은 항상 축적된 기초지식을 기반으로 한다. 우리는 이미 알고 있는 지식과의 연결을 통해 사건을 해석하고 기억한다. 장기기억 용량은 사실상 제한이 없다. 많이 알수록 새로운 지식이 더해졌을 때 더 많은 연결을 형성할 수 있다. 장기기억의 엄청난 용량 때문에, 아는 것을 필요할 때 찾아내고 인출하는 능력이 핵심이다. 아는 것을 불러오는 능력은 그 정보의 반복적인 사용과 기억을 다시 활성화할 수 있는 강력한 인출 단서의 확립에 달려있다. 지식의 주기적인 인출은 기억과 그 기억을 불러오기 위한 단서의 연결을 강화한다. 쉬운 인출 연습은 학습을 강화하는 데 많은 도움이 되지 않는다. 인출 연습이 어려울수록 이득이 커진다.

> 이번 장을 정리하면, 우리는 시험 준비, 취업 준비, 자기계발, 승진, 이직, 은퇴 등을 이유로 우리는 평생 '배우는 존재'로 살아야 한다. 그러니 수동적으로 정보를 받아들이기만 했던 '가짜 공부'는 소용없다. 급변하는 정보시대에 정보가 넘쳐날수록 과학적으로, 뇌의 메커니즘에 맞는 방식으로 '진짜 공부'를 해야 한다. '인출 연습'과 '시간 간격'을 잘 활용해 더 효과적으로 공부해야 한다.

그동안 학습 능력의 부족을 느꼈다면, 당신이 멍청해서가 아니라 그저 '어떻게 공부해야 하나'를 몰랐을 뿐이다. 지금부터 효과적인 '진짜 공부'를 하면 된다. 그리고 공부하는 데 돈을 많이 드릴 필요도 없다. 왜 그런가 하면 뇌자극 독서 공부를 하거나 무료 동영상 강의를 제공하는 칸 아카데미와 온라인 공개강좌(MOOC, Massive Open Online Course), 국내 EBS강좌 등이 있어서, 굳이 비싼 대학 등록금을 내지 않아도 마음만 먹으면 언제 어디서나 세계 최고 수준의 지식을 습득할 수 있는 시대가 되었기 때문이다.

Tip2: 성공지능을 높이는 '뇌자극 질문법' 소개
(인출 연습 내용을 상세 정리)

여러분이 성공지능을 높이려면, 책을 읽거나 강의를 들은 후, 혼자서 뇌자극 질문을 던지는 것이다. '뭘 배웠지? 핵심 내용이 무엇인가? 생소한 용어는 무엇이고, 새 내용은 무엇인가? 그것을 어떻게 정의할 것인가? 어떤 예가 있을까? 내가 이미 알고 있는 지식과 어떻게 연결되는가?' 등등, 그리고 새로운 지식이나 기술을 학습한 후에는 이런 질문을 해볼 수 있다. '어떤 부분이 잘되었는가? 더 잘될 수 있었던 것은 무엇인가? 더 능숙해지려면 무엇을 배워야 하는가? 더 좋은 결과를 얻으려면 다음에는 어떤 전략을 사용해야 하는가?' 등을 반추하거나 연상하면서 머릿속으로 지식을 지능화하는 것이다. (스티브 잡스의 '진짜 명상법'도 유사하다)

이런 뇌자극 질문과 명상을 통한 머릿속 연상과 반추는 몇 가지 인지적 활동을 통해 더욱 강력한 학습으로 이어진다. 뇌 창조적 활동에 해당하는 것은 인출(최근 배운 지식을 회상하기), 정교화(새로운 지식을 기존의 지식과 연결하기), 생성(핵심 내용을 자기만의 언어로 바꿔서 표현하기, 혹은 다음에 시도해볼 다른 방식을 머릿속으로 연습하고 시각화하기, 보다 편리하고 세상에 유익한 가치를 창출하기)이다. 따라서 '창의성은 명상과 얼마나 좋은 질문을 얼마나 적절하게 잘하는 가'가 뇌중심 학습의 열쇠다.

정리하면, '지식과 기술을 더 잘 배우고 더 오래 기억하고 필요할 때 즉각 떠올려 활용하는 최고의 학습법은?'의 답은 본문에서 설명한 '뇌자극 질문법', '뇌자극 독서법', 그리고 '진짜 공부법'이 성공지능을 높이는 '뇌중심 학습법'이다. 이것은 130년 전 시작되어, 40여 년 전부터 시작된 뇌과학과 인지심리학의 연구 성과로 학습 연구를 '학습의 과학'으로 정립한 것이다.

또한, 새로운 미래교육 방향은 변화무쌍한 세상을 헤쳐 나가는 데 필요한 '창의 혁신성'과 '문제해결력'이고, 그것을 이끌어내는 '뇌자극 독서교육'과 '뇌자극 질문, 토론 교육'이 좀 더 필요하다고 말한다. 그렇게 되면 성공지능을 높이는 '뇌중심 학습법'이 좀 더 좋은 효과를 거둘 수 있기 때문이다.

Tip3: 우리나라에 '진짜 공부법'이 있었을까? 답은 '있었다'.

옛 성현들은 학습관행(學習慣行)을 진짜 공부법이라고 가르쳤기 때문이다. 내용을 보면, 우선 어떠한 지식이나 기술 등을 배우고 익히는 것을 '학습'이라고 했다. 학(學)은 '배운다'라는 뜻이다. '습(習)'한다는 것은 익히는 반복과 복습이다. 학습은 배운 것을 나만의 방식으로 나만의 언어로 정리하고, 재해석하고, 가공하는 것이다. 책을 읽으면 독후감이나 서평을 기록하는 것이다.

그리고 배운 것을 익혀 관(慣)을 해야 한다고 했다. 관자도 보면 마음심(心) 변에 꿸 관(貫)자이다. 습관은 반복해서 익혀서 완전히 마음속에 배도록 깊이 심는다는 것이다. 끝으로 행(行)은 실제 행동으로 옮기는 것이다. 결국 관행처럼 어떤 의식을 하지 않더라도 처음 배운 것이 몸에 배어들어 행동으로 옮겨질 때 진정으로 공부가 의미 있게 되고 성과가 나온다는 것이다.

그래서 지식과 기술을 배우고 익혀서 관행처럼 몸소 실천해야 내 지식이고 내 기술인 것이다. 이처럼 메타인지력까지 감안된 성현의 지혜와 통찰이 넘치는 것이다. 다만, 현시대에 맞게 뇌중심 학습법과 성현의 학습관행이 어울리도록 접목해야 한다.

초연결 시대
두뇌의 생산성과 창의성을 높여야 성공한다

뇌과학이란? 명칭에서 알 수 있듯이 뇌의 작동원리와 활용을 연구하는 학문이다. 비교적 최근에 생긴 분야지만 앞으로도 파헤칠게 많은 신비로운 분야다. 뇌가 그만큼 무궁무진한 기능을 담당하고 있다는 말이기도 하다. "생각하는 뇌는 한 번에 한 가지에만 집중할 수 있다." "각종 방해요인으로부터 뇌를 지켜내자." 이 2문장이 책의 엑기스라 할 수 있다. 왜냐하면 초연결 시대에 나의 뇌 기능을 재발견하고 잠재력을 최대한 발휘하는 방법이기 때문이다.

『너무 재밌어서 잠 못 드는 뇌과학』: 저자 데오 컴퍼놀은 네덜란드 암스테르담대학교에서 박사학위를 받은 신경정신과 의사이자, CEDEP(유럽행정 개발센터) 조교수다. 정신치료사이며 신경정신과 정신요법 의학전문가로 인정받는다.
    600여 권의 출판물을 연구하고, 1천2백여 명의 전문가를 대상으로 설문 조사했으며 이를 토대로 여러 분야의 논문과 실용책을 썼다. 대표 저서 『브레인 체인』과 『스트레스: 친구이자 적』은 네덜란드어로 출간되어 베스트셀러에 등극한 바 있다. 이 책은 『브레인 체인』의 핵심 내용을 뽑아 모은 베스트 축약판이다.)

이 책은 ICT(Information and Communication Technology) 즉, 시공간의 한계를 넘어 언제 어디서나 연결, 소통할 수 있는 기술적 기반의 발전이 뇌의 기능을 오히려 떨어뜨린다고 한다. 특히 스마트폰에 너무 많이 노출되어 있는 게 뇌에 안 좋은 영향을 미친다는 것이다. 그래서 저자는 최소한 하루에 두 차례 45분씩 디스커넥티드 상태를 유지하기를 권하고 있다. 의도적으로 정보통신기기와 떨어져 독서에 몰입하라고 한다. 이 조언을 보면서 하루 중에 전자기기와 붙어 있는 시간이 너무 많다는 걸 알 수 있었다.

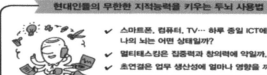

예컨대 아침에 일어나면 스마트폰으로 시간을 보는 것에서부터 일도 컴퓨터로 작업을 하고, 길을 걸으며 스마트폰으로 자잘한 영상들을 보고, 집에 가면 TV로 방송을 보곤 한다.

일어나서 다시 잠자리에 들기까지 거의 모든 시간을 정보통신기기와 함께한다는 게 충격적이다. 저자는 정보통신기기를 의도적으로 멀리하는 습관을 들이고 독서를 하면 지적 생산성을 개선할 수 있다고 책에서 말한다. (하루에 2시간 정도 디스커넥티드하고 독서하기를 제안)

정보통신기술 시대에 지적 생산성과 창의성을 위해 필요할 때만 커넥티드 상태를 유지한다는 것은 멋진 일이다! 내 마음대로 단절한다는 것이 얼마나 자유로운가!
- 스스로 ICT를 통제할 수 있다.
- 시간과 장소를 선택할 수 있다.
- ICT는 언제 어디서나 연결될 수 있다.
- 일괄처리가 가능하다. 집중해서 싱글태스킹을 한다.
- 몰입해서 독서를 할 수 있다.

하지만, 항상 커넥티드 상태를 유지한다는 것은 재앙이다! 자유가 없다!
- ICT가 나를 통제한다.
- ICT가 나를 선택한다.
- 언제나 어디서나 커넥티드 상태를 유지해야 한다고 생각하게 된다.

- 끊임없이 멀티태스킹을 하게 된다.
- 책을 읽어도 내용을 기억 못한다.

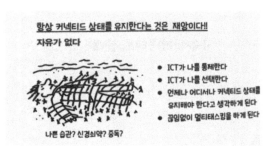

항상 연결은 나쁜 습관이며, 종종 중독 증세로 악화되기도 한다. 자신의 현 상태가 "나쁜 습관? 신경쇠약? 중독인지?" 점검 후 고쳐야 한다.

우선 45분 단절과 15분 연결의 생활습관을 만든다

초연결이 젊은이에게 주는 가장 큰 해악은 깊은 생각, 정독, 대화, 토론을 가로막는다는 점이다. 이는 지적 활동을 심각하게 저해한다. 젊은이의 성공은 정보를 소비하는 능력이 아니라 정보를 가치있게 지적으로 가공하고 생산하고 창조하는 방식에 달려있기 때문이다. 그래서 ICT와 연결해서 오늘 할 일 리스트와 연결하지 말아야 할 일 리스트를 작성해 실천하면 좋다.

문자메시지와 이메일, 음성메일, 소셜미디어에 지속적으로 반응하다 보면 외부 세계로부터 끊임없이 정보를 받아들이게 된다. 뇌가 해당 정보를 가공하고, 저장하고, 새로운 아이디어와 접목시킬 시간도 공간도 없어진다. 때문에 책을 읽고 사고하며 창의력을 발휘하기가 불가능해지는 것이다. 최소한 하루에 두 차례 45분씩 단절한 상태를 유지해야 한다. 젊은이는 이 시간을 필사적으로 지켜야 한다. 지적 생산성을 현저히 개선해 주기 때문이다. 이는 주변 환경 및 자기 자신에게 가차 없고, 단호하고, 엄격해야 겨우 지킬 수 있는 것이다. 이것만 지켜낸다면 성공할 수 있다.

실례로 일하거나 공부할 때, 30분간 중단없이 집중하면, 10분씩 3차례 하는 것보다 3배 더 효율적이고, 과제가 복잡다단하다면 4배 더 효율적이고, 3분씩 10차례 하는 것보다 10배 더 효율적이다.

충분한 수면은 뇌를 효율적이고 창의적으로 만든다

또한, 끝없이 연속적 커넥티드 상태는 지속적 피로를 불러온다. 수면 부족은 심신에 모두 악영향을 미친다. 지적 생산성과 창의성을 떨어뜨리고, 건강을 망치고, 행복감과 매력을 저하시킨다. 미국 발병통제 예방센터에 따르면 수면 부족은 사회적 전염병이다. 수면 부족은 몸의 모든 기능을 조율하는 생체시계를 헝클어트려 심장병, 감염병, 당뇨병, 비만, 특히 우울증의 위험을 높인다. 건강에 미치는 악영향을 넘어 지적 생산성에도 치명적이어서 부담으로 적용한다. (유대인은 안식일 날 ICT를 일절 사용하지 않고 독서와 휴식을 취한다.)

책에선 수면의 중요성도 강조하고 있다. 충분한 수면은 다음과 같은 이유로 중요하기 때문이다.

- 몸의 피로가 회복된다.
- 생각하는 뇌가, 하루 동안 흡수한 정보를 저장용 뇌가 재구성하고 저장할 수 있도록 돕는 데 필요한 에너지를 충전해 준다.
- 새로운 뇌세포(특히 장기메모리를 위한 뇌세포)를 만들고 뇌세포 간 연결고리를 형성한다.
- 하루 동안 뇌에 쌓인 노폐물을 분해하고 제거한다.
- 정서적 안정을 유지하거나 회복시켜 준다.
- 낮시간 동안 에너지가 부족해서 가동하지 못했던 면역 체계를 충전하거나 복구한다.

책에선 최상의 신체 상태를 유지하기 위해서는 보통 7시간 정도 수면을 취해야 한다고 말한다.

생각하는 뇌를 좀 더 생산적이고 창의적으로 활용하려면 환경을 조성해야 한다. 그 조성은 누가 대신해주는 것이 아닌 스스로가 관리해야 하는 것임을 책에서 강조한다. 이것이 책의 핵심 내용이다. 생산적, 창의적으로 업무를 실행하려면 능력은 무한하지만 쉽게 지치는 생각하는 뇌를 공격으로부터 지켜내야 한다는 것이다. 그리고 생각하는 뇌에서 가장 중요한 인간 고유의 특징은, 현재 존재하거나 감각으로 느낄 수 없는 사물도 떠올릴 수 있다는 것이다. 공상하거나 새로운 아이디어를 고안할 수도 있다. 이러한 추상적 사고는 언어의 기반이자 과학, 종교 등 관념적인 주제에 대해 토의할 수 있는 능력의 기반이 된다.

> 참고로 언어 덕택에 우리는 서로의 의견을 공유하고, 대화, 쓰기, 읽기를 통해 지식을 넓힌다. 두뇌의 반추, 논리적 사고, 분석적 사고, 종합적 사고, 창의적 사고, 문제 해결, 과거에 대한 반성, 미래에 대한 상상 등이 가능하다.

생각하는 뇌는 느리게 움직인다. 또한 지속적인 주의와 집중이 필요하다. 게다가 에너지 소모가 심하고 피로를 쉽게 느낀다. 다시 한번 강조하지만 생각하는 뇌는 한 번에 한 가지에만 집중할 수 있다. 생각하는 뇌는 능동적으로 미래를 구상하고 목표를 세울 수 있다. 다른 동물에게는 없는 능력이다. 이러한 이유로 심리학자들은 생각하는 뇌를 '자극 주도 반사 뇌'와 대척점에 있는 '목표지향적 뇌'라고 부른다.

인간 뇌의 진화 혁명은 반사신경의 처리를 일시 중단할 수 있는 능력이다. 즉, 자극에 의해 유발한 반사 반응을 중단할 수 있는 능력, 잠시 정지한 채 목표를 반추할 수 있는 능력은 인간 진화의 진정한 역사적 혁명인 것이다. 생각하는 뇌는 반사 뇌에 우선할 수 있다. 이러한 맥락에서 학자들은 생각하는 뇌를 통제 네트워크, 통제 뇌, 운영 담당 뇌라고도 부른다. 지금까지 뇌에 대한 연구 결과는 시작에 불구하다. 앞으로 뇌에 대한 연구는 폭발적으로 진행될 것이며, 어디까지 갈지 상상되지 않는다. 계속 지켜보면서 유용한 것만을 자신에 맞게 활용하는 것이 중요하다.

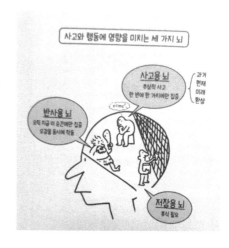

사실 요즘 초·중·고등학교 때 카톡이나 게임을 너무 많이 한다. 너무 아쉽다. 그들에게 ICT와 연결을 끊고, 집중해서 공부를 해야 한다거나 '뇌의 복리' 개념을 제대로 깨닫게 만든다면 얼마나 보람된 일일까? 학부모와 교육자가 같이 해결해야 할 사명감이라고 상상해본다.

Tip4: The One Thing 초연결 시대에 성공하는 법이다

제목처럼 이 책은 성공을 둘러싼 허상에서 벗어나 자신만의 큰 목표를 세우도록 우리를 안내한다. 그 첫 단계에 해당하는 '초점탐색 질문'은 '아무리 강렬한 햇빛이라도 초점을 맞추기 전에는 절대로 종이 한 장 태울 수 없다'는 말처럼 최종의 목표인 '원씽'에 다가가기 위해 지금 당장 해야 하는 '원씽'이 무엇인지 찾게 해준다. 그리고 성공은 우리가 '모든 일'을 다 잘 해낼 때 오는 것이 아니라 가장 핵심적인 일을 가장 '적합한' 순간에 해내는 것임을 깨닫게 해주고 그 핵심적인 일을 찾기 위한 우선순위를 결정하는 법에 대해 설명해준다. 한마디로 "중요하지 않은 것은 버려라! 당신의 에너지를 오직 한 가지에만 집중하라!"이다.

『원씽(THE ONE THING)』: 미국에서 가장 큰 투자개발 회사의 대표이자 베스트셀러의 저자 게리 켈러와 제이 파파산이 쓴, 이제까지의 통념을 뒤엎는 신개념 자기계발서이다.

'더 적게 일함으로써 더 깊게 집중하여 더 크게 성공하는 비결이 무엇인지' 제시하였다. 인생의 성공과 행복에 대한 단순한 진리는 바로 '원씽'(The One Thing), 자신에게 가장 중요한 단 하나, 가장 중요한 한 가지 일에 집중하고 파고들라는 것이다.

기업의 입장에서는 회사를 상징하는 하나의 제품이나 서비스, 개인의 삶에서는 자신의 인생을 의미 있게 만들어 주는 한 가지 목표를 의미한다. 다시 말해 본질을 관통하는 주제이며 목적을 향해 나아가도록 해주는 원천인 것이다. 그래서 저자는 이 책에서 "당신에게 가장 중요한 '단 하나'는 무엇인가?"(What's your ONE Thing?)라고 계속해서 질문을 던진다.)

성공한 사람들은 늘 성공에 '꼭 필요한 일들의 순서'를 계획해 놓고 '가장 알맞은 타이밍'에 첫 번째 일을 '제대로' 해낸다. 그들은 첫 성공을 그다음 행동과 연결시켜서 더 큰 성공을 이끈다는 것을 믿는다. 주위를 보면, 정말 열심히 뭘 해도 제대로 풀리는 게 없는 사람이 있는 반면, '왜 저렇게 잘 풀릴까' 하는 사람도 있기 마련이다. 사람들은 이것을 운이나 팔자라고 믿는다. 하지만 그들의 성과 차이는 바로 '꼭 해야 할 일'에만 파고들고, '필요 없는 일'에 에너지를 낭비하지 않는 것에 있다고 한다.

인생에는 뺄셈이 필요하다.

오늘날 대부분의 사람들은 자신의 인생에 중요하지 않은 일들을 하고 필요 없는 관계들을 유지하느라 인생의 대부분의 시간과 에너지를 빼앗기고 있다. 당장 오늘 하루를 돌아보자. 오늘 한 일 중에서 자신이 생각하는 인생의 최종 목표에 반걸음이라도 가까이 가게 해준 것이 있는지, 혹 나의 꿈이 아닌 누군가의 꿈을 이뤄주기 위해 나의 소중한 하루를 희생하지 않았는지 말이다.

당신의 인생에서 가장 중요한 '원씽 One Thing'은 무엇인가? 자신이 지금 하고 있는 일이 인생의 '원씽 One Thing'에 이르기 위한 도미노 블록 중 하나인가? 이 두 가지 질문에 자신 있게 대답하지 못한다면 지금 바로 저자들의 이야기에 귀를 기울여야 할 것이다.

'결코 모든 일을 다 잘하려고 하지 마라.' 한꺼번에 많은 일을 해내는 사람이 승자가 되는 것이 아니라 한 가지라도 제대로 해내는 사람이 최종 승자가 된다는 단순 명쾌한 진리를 한번 따라가 보자. 그리고 사방에 흩어져 있는 도미노들의 열을 우선순위에 맞춰 세우고 첫 번째 도미노를 쓰러뜨리자. 뒤로 줄줄이 더 큰 성공으로 이어지는 긴 도미노를 발견하게 될 것이다(복잡한 세상을 이기는 단순함의 힘, 인생의 반전을 불러오는 단순함의 힘을 강조한다).

그래서 우리에게 필요한 것은 중요한 일을 중단없이 지속시킬 수 있는 습관을 만드는 것이다

세계적인 부자 워런 버핏이 엄청난 부를 만들었어도 요즘도 책을 보고 기업 분석을 하는 데 시간을 많이 투자한다고 한다. 그에게 어떻게 부를 이루었느냐고 물었더니 끊임없이 공부하고 버는 대로 저금을 하고 투자하며 불필요한 지출을 억제했다는 평범한 얘기를 들려주었다. 누구나 아는 얘기지만

실천을 한 사람은 부자가 되었고 귀담아듣지 않고 실천하지
않은 사람은 그렇게 되지 못한 것이다. 버핏처럼 하나라도
제대로 잘해야 성공한다는 것이다.

3부

학습성과를 높이는 방안들과
최선의 독서법 소개

(학습성과를 높이는 방안들과 선현들이 말하는 최선의 독서법)

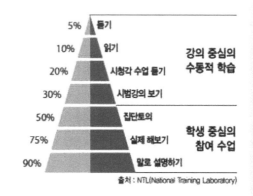

[학습효과 피라미드]

5% 듣기
10% 읽기
20% 시청각 수업 듣기
30% 시범강의 보기
50% 집단토의
75% 실제 해보기
90% 말로 설명하기

강의 중심의
수동적 학습

학생 중심의
참여 수업

출처 : NTL(National Training Laboratory)

현재까지 창의혁신 분야에 노벨상 수상이 전무한 우리에게
유대인 하브루타(질문과 토론)교육에 주목하는 이유다.

학습성과를 높이는 방안들? [하브루타 제안]

　학생들이 왜 그렇게 오랫동안 책상 앞에 앉아 있는데도 학습성과는 크게 좋아지지 않는 걸까? 학습효과를 극대화하는 방법은 뭘까? 뇌과학적으로 학습성과를 높이는 수단은 없을까? 등등 많은 생각을 하게 된다. 요즘 전문가들이 제안하는 학습효과를 극대화하기 위한 학습 수단은 크게 10가지이다. 교육자들은 이미 학습 현장에 맞게 어느 정도 적용하는 것들이다.

　① 학생 스스로가 공부해야 하는 이유를 깨닫게 할 것, ② 학교에서뿐만 아니라 사회에서도 도움이 되는 실질적 내용을 학습 내용에 담을 것, ③ 단순한 지식 전달자가 아니라 학습의 조력자로서 공부하는 방법을 알려줄 것, ④ 학생 개개인의 특성을 이해함으로써 신뢰를 쌓을 것, ⑤ 학생에게 학습의 통제권을 주고 선택권을 공유할 것, ⑥ 수업 방법의 하나로 상호 설명이나 토론을 적극적으로 활용할 것, ⑦ 시각·청각·촉각 등 모든 감각을 동원해 적용할

것, ⑧ 정보에 담겨있는 일정한 규칙, 즉 패턴을 찾아내 학생 스스로 가장 익숙한 방식으로 학습하게 할 것, ⑨ 반복하고 정교화함으로써 배운 것을 오랫동안 기억하게 할 것, ⑩ 움직이고자 하는 인간으로서의 본능을 막지 말 것. 등이다.

상기 ⑧번째 규칙과 패턴에 대해 예를 들면, 우선 학생들에게 숫자 1327679675을 보여준다. 그다음 똑같은 숫자를 1(327)679-6753와 같이 전화번호 패턴으로 정리해 다시 보여준다. 어느 쪽 숫자를 더 빠르게 인지하고 쉽게 기억할 수 있을까? 학습할 때 패턴을 찾는 것은 중요하다. 하버드 대학의 존 레이티는 인간의 뇌를 '패턴 탐색 장치'라고 묘사하며 "뇌는 전체 개념을 서로 연관시키고 그들 간의 유사성, 차이점, 관계 등을 찾는다"고 했다. 학습자료에서 패턴을 인식하게 되면 그저 겉만 핥는 것이 아니라 그것을 검토하고, 탐색하고, 이해할 수 있는 비밀의 문이 열린다는 것이다.

필자는 학습성과가 입증된 유대인식 하브루타(질문과 토론) 교육방식을 우리 교육 현장에 도입 적용하길 제안한다. 세계적인 창의적 인재(노벨상 수상자의 35%, 구글 창업자 등 수많은 기업가)를 배출한 유대인 하브루타 교육방식이 세계에서 어느 정도 인정받고 있기 때문이다.

우선 책 〈유대인식 자녀교육법〉 이시즈미 간지, 하버드 로스클 박사의 '부모가 먼저 배우는 이 책'부터 읽어보고, 우리 가정부터 도입할 것을 제안하는 것이다. 우리 아이에게 학교 성적도 중요하지만, 미래에 더욱 중요한 것은 논리적 사고를 기반으로 한 질문, 토론 능력이기 때문이다.

> 예컨대 창의적 인재로 키우려면, 유대인 교육 관련 책들을 부모가 먼저 읽고, 아이와의 일상에 차근차근 쉬운 것부터 하나씩 접목 시킨다. 그러면 아이는 논리적으로 질문 토론하게 되고, 문제의 근본부터 해결할 수 있는 사람으로 성장한다. 그리고 창의적인 인재도 될 수 있는 것이다.

같은 시간을 공부해도 다른 결과를 내는 이유는 있다

〈토끼와 거북이〉란 동화를 기억하는가? 토끼와 거북이의 경주를 다룬 이솝 우화 말이다. 우리는 이미 토끼와 거북이의 경주에서 거북이가 이겼다는 사실을 알고 있다. 그런데 신기하게도 많은 부모는 자신의 아이가 토끼이길 원한다. 공부든 예체능 활동이든 '아이가 그저 빨리 익히기만을 바란다'는 뜻이다. 많은 부모가 메타인지를 키우면 아이가 '더 빨리 배우거나' '시험에서 100점을 맞을 것'이라는 수단-목적 프레임으로 메타인지를 바라본다. 하지만 메타인지의 진짜 목적은 '메타인지를 키우는 과정이 바로 배움의 과정'임을 깨닫도록 하는 것이다.

컬럼비아대학 리사 손 교수는 속도와 성적만 쫓는 부모들에게 많은 생각할 거리를 던져준다. 같은 시간을 공부해도 다른 결과를 내는 이유, 열심히 공부는 하지만 아이의 성적에 변화가 없을 때 살펴볼 문제들을 수많은 연구 결과를 토대로 과학적으로 설명하고 있다.

부모가 배움의 과정이 주는 다양한 의미와 재미를 무시하고 아이의 학습 속도와 성적에만 관심을 두면 아이의 메타인지는 발달할 수 없다. 초등 부모들이 '학습 속도가 빠른 아이는 똑똑하다'라는 착각에 빠지는 이유는 초등학생들의 빠른 학습 속도 때문이다. 학습 속도와 관련하여 빠르게 학습 목표에 도달한 아이들은 자기 자신을 똑똑하다고 생각한다는 것이다.

그런데 이처럼 속도전에 익숙한 아이들, 초등학교 때 제법 공부를 잘하던 아이들 중 상당수는 상급학교에 진학한 뒤 성적이 떨어진다. 문제가 어려워지니 학습 속도와 성취 속도가 느려지는 게 당연한데 속도전에 익숙한 부모와 아이는 이 상황을 이해하지 못한다. 직접 공부하는 당사자가 아닌 부모는 더욱 그렇다. 그래서 속도가 느려진 아이에게 "평소엔 잘하더니 요즘 왜 그래?" 혹은 "벌써 사춘기야?"라는 질문을 던진다.

'개구리 올챙이 적 생각 못 한다'라는 속담이 있다. 대부분의 부모가 개구리와 같다. 부모들은 자신이 수많은 시행착오를 통해 학습했던 과정은 쉽게 잊어버리는 것도 모자라 오히려 자신이 지식을 빨리 획득했었다는 착각에 빠진다. 아이들에 게 스스로 학습할 시간을 주지 않고 부모 자신이 알고 있는 지식과 정보를 빠르게 전달하려 하는 것도 이 때문이다.

하지만, 생각하는 부모가 생각하는 아이를 만든다. 문제는 이러 한 오류와 착각들이 안 그래도 불안한 학부모들을 더욱 불안하게 만든다는 것에 있다. 게다가 학원 광고 문구들은 어떠한가? 불안한 학부모들의 심리를 자극하는 노골적 문구로 '내 아이만 너무 뒤처 지고 있는 것은 아닐까?'라는 생각을 하게 만든다. 그런데 보습학 원 광고 문구들을 가만히 살펴보라. '빠른' '쉬운' '실패 없는' '단 하 나의' '절대적인' 등의 단어를 중심으로 학원을 홍보하는데 이는 모 두 기계를 묘사하는 단어다. 아이들은 기계가 아니다. 아이들은 제 나이에 맞게 실패와 실수를 거듭하며 배우고 학습하며 성장하는 게 당연하다(내면의 힘이 강한 아이로 키우는 부모의 생각 습관).

우선 학생이 공부를 '싫어하는 요인이 뭘까?'를 알아본다

공부를 싫어하는 이유 중 하나는 과목별 공부가 도대체 어디에 쓰이는지, 영양가가 있는지 알지 못하기 때문이라 생각한다. 사실 공부가 재미있는 건 아니다. 하지만 이 공부가 최종적으로 어떻게 사용되는지를 알게 되면 생각이 달라질 것이다. 그리고 태도와 열정도 반드시 달라진다. 공부가 싫은 이유는 이 공부의 최종 활용지를 모르기 때문이라 판단하고 제안한다. 공부하기를 좋아하게 만들려면? 우선 싫어하는 과목의 활용지를 보여주는 것이 동기부여에 좋다.

기회가 되는 대로 공부하는 과목별 지식의 최종 활용지를 찾아보기 바란다. 예컨대, 수학을 공부하기 싫은 사람은 AI 관련 회사를 한번 구경해 보자. 인공지능의 시작은 데이터베이스이다. 데이터를 쌓고 알고리즘을 설계해 유의미한 통찰력을 찾는 것이 인공지능인데, 거의 모든 것이 수학이고 통계이다. 자신이 하기 싫어하는 수학의 최종 효용성을 확인할 수 있다. 그러면 수학을 포기하라고 말해도 절대 포기하지 않을 것이다. 수학의 최종의미와 결과물을 봤기 때문이다.

마찬가지로 영어를 싫어하는 학생에게는 글로벌 회사에 제품을 파는 현장을 보여준다. 영어로 제품을 설명하고, 가격을 협상하고, 성공적으로 협상을 끝내는 장면을 보여주는 것이다. 이런 장면을 보면 어떤 일이 일어날까? 영어를 못한다는 건 생존이 불가능하다는 것인데 그걸 보고도 영어 공부를 하지 않을 수 있을까? 국어를 싫어하는 학생은 광고 회사에 보낸다. 짧지만 강력한 말로 광고 카

피를 만들고, 이를 광고주에게 보이면서 설득하는 장면을 보여주는 것이다. 어휘력이 약하고 글쓰기가 되지 않는 사람은 아예 조직에서 살아남을 수 없다는 것을 절감할 것이다.

학습성과를 위해서 건강한 몸 상태로 유지한다

만약 그날 공부한 게 바로 성공하고 돈이 된다면, 공부하지 말라고 말려도 공부할 것이다. 그런데 성공과 돈이 되는 공부는 아니지만 꼭 공부해야 할 것이 있다. 바로 몸에 대한 공부이다. 살면서 가장 중요한 것은 건강이기 때문이다. 건강의 소중함은 아무리 강조해도 지나치지 않는다. 뿐만 아니라 공부를 잘하기 위해서 공부할 최적의 몸 상태를 어떻게 만들지 고민해야 한다. 공부 시작전에 가벼운 운동으로 몸을 많이 움직여 상쾌한 상태로 만들면 좋다(이미 뇌과학적으로 입증).

예컨대 20~30분 산책을 하다가 공부하면 공부에 집중할 수 있고 지식도 머리에 쏙쏙 박히는 경험을 누구나 했을 것이다. 반대로 계속 책상에만 앉아 있거나 피곤한 상태로 공부하면 머리는 몽롱한 상태가 되어 무엇을 공부했는지 명확하지 않다. 공부도 그저 그렇고 몸도 나쁜 건강치 못한 사람이 될 가능성이 높다. 젊은 시절 땀 흘리는 운동은 보약과 같다. 무엇과도 바꿀 수 없는 귀한 것이다. 운동과 공부를 적절히 교차해서 하도록 신경 써야 한다.

(존 레이터 교수는 자신의 저서 『운동화 신은 뇌』에서 운동이 학습 효과를 개선시키는 가장 주요한 요인이라고 주장한다. 운동하는 동안에 뇌에서는 신경화학물질인 세로토닌, 도파민, 노르에피네프린, 단백질의 한 종류인 뇌유래 신경 영양인자(BDNF)가 분비되는데, 이들은 집중력과 학습을 개선하는 데 도움을 주는 물질들이라는 것이다.

그런데 우리의 교육 현장은 체육 시간을 빼서 국·영·수 교과목 보충수업을 하는 게 현실이다. 학생들을 몇 시간이고 책상 앞에 붙들어두는 것보다 30분만이라도 운동장에서 자유롭게 움직이도록 하는 것이 학습에 더 효과적임을 깨달아야 한다. 예컨대 일리노이 네이퍼빌의 공립학교에서는 교과과정에 에어로빅 운동을 통합했는데, 이 학교의 학생들은 국제수학과학연구동향(TIMSS)에서 시험성적이 현저하게 증가했다. 이는 미국 학생들의 7%만이 상위권 점수를 받는 시험이다.)

끝으로 재차 강조하지만, 그동안 공부가 하기 싫고, 공부해도 성적이 오르지 않았다면 먼저 자신의 생각부터 바꾸도록 해야 한다. '왜 공부해야 하는가?'가 아니라 '나는 무엇을 하고 싶은가?' '나는 무엇을 원하는가?' '나의 꿈은 무엇인가?'를 찾는 노력이 선행되어야 한다는 말이다. 그래야 그에 맞는 계획과 전략을 세울 수 있기 때문이다.

예컨대 공부할 마음이 없고, 왜 공부해야 하는지도 모르는 학생에게 '공부 잘하는 법' '1등 공부 비법'을 아무리 들려주어도 소용이 없다. 우선 마음속에 자신이 진정으로 하고 싶은 것, 되고 싶은 것,

원하는 것을 목표로 정하는 것이 중요하다. 진정성 있는 목표가 정해지면 마음이 움직이고, 몸이 움직이고 뇌가 움직인다. 그럴 때 지금까지 소개한 방법으로 성공지능을 높이면 비로소 성과가 나타나고 멋진 결과가 현실로 나타난다는 것이다.

참고로 믿기 힘들겠지만 학교 성적이 나빠도 좋은 명문대를 나오지 않아도 고소득을 올리는 사람이 많다. 자신의 특기와 재능을 계발하는 것에 초점을 맞추는 사람들이다. 예술계, 체육계, 연예계, 음악계뿐만 아니라 IT 프로그래머, 배관공, 용접공, 목수, 부동산 중개인, 보험 판매원, 등 수없이 많다. 공부 못해도 돈 많이 벌고 잘 살 수 있다.

하지만 공부를 못해도 된다고 해서, 학습을 전혀 하지 않아도 된다는 의미는 아니다. 세상이 급변하기 때문에 어떤 직업을 가지던지 꾸준한 자기계발이 있어야 안정적인 소득을 올릴 수 있고, 기술의 숙련도가 높아질수록 더 많은 소득을 올릴 기회가 생기기 때문이다.

공부를 잘하고 못하는 것을 떠나서, 누구에게나 직업은 중요하다. 그렇기 때문에 직업을 선택할 때는 나의 관심사, 강점, 장기적인 목표를 고려해야 한다. 그리고 해당 직종의 수요, 수입, 일과 삶의 균형, 성장과 발전의 기회에 대해서도 살펴봐야 한다.

TIP5: 학생들을 위한 효과적인 학습 조언

(『어떻게 공부할 것인가?』 책에서 인용 정리)

학습 의지는 학생에게 제일 중요하다.

내가 무엇을 하려고 하든, 어떤 사람이 되려고 하든, 도전하고 싶은 분야에서 계속 앞으로 나아가게 하는 가장 중요한 원동력이 학습 의지이기 때문이다. 물론 새롭고 중요한 것을 배울 때는 어려운 경우가 많다. 장애물에 부딪히기도 할 것이다. 그런데 장애물은 실패가 아니라 노력의 표시다. 장애물을 만나면 극복하려 노력해야 하고, 노력만큼 전문성도 커진다. 노력이 드는 학습은 뇌를 바꾸고, 새로운 연결을 만들고, 심성 모형을 세우고, 능력을 향상시킨다. 지적 능력은 많은 부분 우리의 손에 달려 있다. 어려움에 도전할 가치는 충분하다.

학생에게 '진짜 공부법'을 실천하라는 조언이다

우선 새로 배운 것을 인출하는 연습 : ' 인출 연습은 자신에게 이렇게 질문해보라. '핵심 내용이 무엇인가? 생소한 용어나 내용은 무엇인가? 그것을 어떻게 정의할 것인가? 내가 이미 아는 내용과

어떤 연관성이 있는가?'

대부분의 학생은 교재와 필기, 슬라이드 자료에 밑줄을 긋고 강조 표시를 하는 데 집중한다. 이것들을 반복해서 읽고 그 내용과 용어에 유창해지는 데 몰두한다. 그렇게 해야 배우는 느낌이 들기 때문이다. 그러나 교재를 한두 번 복습한 다음 자체 시험을 보는 것이 반복해서 읽는 방식보다 훨씬 강력한 학습 방식이다. 왜 그럴까?

반복 읽기 방식으로 교재에 익숙해지면 내용을 안다고 착각하게 된다. 교재에 유창해지는 것에는 두 가지 단점이 있다. 자신이 실제로 무엇을 익혔는지 잘못 판단할 수 있고, 나중에 그 내용이 기억날 것이라는 잘못된 믿음을 갖게 된다.

이와는 달리, 주요 내용과 용어의 의미를 묻는 자체 시험은 지엽적인 내용보다 중심이 되는 가르침에 초점을 맞추도록 도와준다. 자체 시험은 자신이 무엇을 배웠는지, 무엇을 아직 완전히 소화하지 못했는지 측정하는 믿을 만한 척도를 제공할 뿐만 아니라 망각을 막아주기 때문이다.

배운 것을 검토하고 스스로 질문해보는 반추 : 반추는 최근 수업 시간이나 경험에서 무엇을 배웠는지 몇 분 동안 돌이켜보고 스스로에게 질문을 던지는 행위를 말한다.

어떤 부분이 잘되었는가? 더 잘될 수 있었던 것은 무엇인가? 그

일로 어떤 지식과 경험이 떠올랐는가? 더 능숙해지려면 무엇을 배워야 하는가? 더 좋은 결과를 얻으려면 다음에는 어떤 전략을 사용해야 하는가? 반추는 배운 것에 여러 겹의 지식을 더하고 기술을 강화하는 정교화와 인출 연습의 조합이다.

> 대개 교재에는 단원 마지막에 탐구 문제가 나오는데, 이것들은 반추나 자체 시험을 보는 데 좋은 재료가 된다. 스스로 질문을 만들어내고 답을 적어보는 것 역시 좋은 공부 방법이다. 학기 중 내내 매주 조금씩 시간을 내서 그때까지 배운 내용에 대해 반추하면서 자체적으로 시험을 보라. 자체 시험을 볼 때는 답을 찾아보고 자기가 뭘 알고 뭘 모르는지 정확히 판단하고 있는지 확인하라. 취약한 영역을 확인하고 그 부분을 강화하는 데 초점을 맞추어 공부하라. 새로 배운 지식을 기억에서 끄집어내기 힘들수록 그 효과는 커진다. 답을 확인하고 실수를 바로잡는 한, 실수를 한다고 해서 퇴보하지는 않을 것이다.

시간 간격을 두고 복습하기와 섞어서 학습하기 : 새로운 것을 배우면 한 번 이상 복습하되, 에빙하우스의 망각이론에 근거한 '시간 간격 두고' 복습하는 방법이다. 그래프처럼 망각율과 복습횟수에 따라 적절한 시간 간격을 두고 복습하는 것이다.

시간 간격을 얼마나 두어야 할까? 그것은 내용에 따라 다르다. 그리고 시험을 보기 위한 학습 계획을 세울 때, 다양한 문제 유형을 교차해서 풀도록 배치하라. 회전 타원체 문제, 원뿔 문제, 직육면체 문제가 번갈아 가면서 나오는 것이다. 그러면 문제마다 유형에 맞는 해법을 인출하는 자체 시험을 치르는 셈이 된다. 여러 주제를 섞어서 공부함으로써, 문제 유형을 인식하고 올바른 해법을 선택하는 것을 끊임없이 시험하는 것이다.

새로운 지식을 기존의 지식과 연결하는 정교화 : 새로운 내용에서 또 다른 의미를 발견하는 과정이다. 새로운 내용을 이미 알고 있는 지식과 연관 짓기, 자기만의 표현으로 누군가에게 설명하기, 그 지식이 수업 외의 영역과 어떻게 관련되는지 설명하기 등이 해당한다. 새로운 내용을 이미 알고 있는 지식과 더 많이 연결할수록 그 새로운 내용을 더 확실히 배울 수 있고 나중에 떠올릴 수 있는 단서들을 더욱 많이 만들 수 있을 것이다. (이제부터 학생은 각자의 학습습관을 만드는 전략과 규칙을 세우고, 시간을 체계적으로 사용해야 한다.)

학생에게 기초 지적 능력을 만들라고 조언한다

살면서 누구나 맞닥뜨릴 문제를 풀거나 새로운 기회를 만들려고 할 때, 기억에서 지식과 기술을 바로 꺼내 사용할 수 있는 성공지능의 원리에 대해서도 몇 가지만 조언한다.

첫째, 학습이 잘 되려면 기초지식 기억이 필요하다. 배운 것이 기억에 남아 있어야 나중에 필요할 때 사용할 수 있다. 그리고 새로운 것을 배울 때에도 연관된 사전 지식이라는 기초가 있어야 한다. 예컨대 수납장 만드는 법을 배우려면 나무와 합성재료의 특성, 판자를 조립하는 법, 홈을 파는 법, 가장자리를 갈아 몽툭하게 만드는 법, 모서리 귀 맞추는 법을 완전히 기억해야 한다.

둘째, 우리는 인생의 모든 것들을 계속해서 배우고 기본 기초지식은 기억해야 한다. 초중고 교육과정의 언어, 수학, 과학, 사회 등의 학과목에서 일정한 수준의 지식을 단계별로 배워야 한다. 그러나 직장에서 성공하려면 직업과 관련된 기술에 통달하고 까다로운 동료를 능숙하게 다루어야 한다. 그리고 은퇴 후에는 새로운 관심사를 개발하게 된다. 살면서 상황이 바뀔 때마다 학습 능력이 뛰어난 사람은 인생에서 유리한 위치를 차지하기 때문이다.

셋째, 학습은 후천적으로 얻는 기술이며 가장 효율적인 학습 전략은 우리가 생각하는 것과 다를 때가 많다. 예컨대 기억 속에서 사실이나 개념, 사건을 떠올리는 '인출 연습'은 반복해서 읽는 것보다 더 효율적이다. 인출 혹은 회상은 기억을 강화하고 망각을 막아 주기 때문이다. 시간 간격을 두고 복습하기는 망각이 일어날만한 시간 간격을 두거나 두가지 이상의 주제를 번갈아 공부하고 복습하는 방법이다.

많은 사람들은 지적 능력은 타고난다고 믿으며 학습 과정에서 난관을 극복하지 못하는 것 역시 이 선천적 능력 탓이라고 생각한다. 하지만 새로운 지식을 배울 때마다 뇌에서 변화가 일어난다. 경험의 잔여물이 저장되는 것이다. 우리는 유전자에서 비롯하는 능력을 미리 갖추고 태어나기는 하지만 문제 풀기, 추론, 창조를 가능케 하는 심성 모형을 배우고 구축하면서 능력을 계발하기도 한다. 지적 능력을 구성하는 요소들 중 놀라울 정도로 많은 부분이 우리 손에 달려 있다. 뇌자극 독서와 진짜 공부를 실행하느냐는 학생 자신에게 달려 있다.

> 이상은 학생들을 위한 조언이지만, 학부모에게도 어려운 내용들이라 누구나 한 번에 이해하기는 어렵다. 몇 번은 읽어보고 음미해야 한다.

결과적으로 지식을 많이 축적했어도, 그 지식의 효용성에 따라 삶의 질은 크게 달라진다. 지식인이란 자신이 하고 있는 활동과 결과물에 부가가치를 올릴 수 있는 사람이다. 부가가치가 성과로 나타나기 때문이다. "우리는 자신을 스스로 경영하는 법을 배워야 하는 최초의 세대이다." 피터 드러커의 말이다. 지식의 시대에 어떤 방법을 사용하여 효과적으로 돈 되는 지식을 습득해야 하는가는 모두의 관심사이지만 확정된 것은 없다. 개인에 따라, 조직에 따라 달라져야 한다.

오늘날 독서의 중요성이 강조되는 이유?

오늘날 독서의 필요성과 중요성에 대해 의문을 품는 사람들이 많이 있다. 디지털, 정보화 시대를 맞아 책이 아니더라도 텔레비전, 인터넷 등 다양한 매체를 통해 지식과 정보 습득이 가능해졌기 때문이다. 그러나 오늘날과 같이 각종 정보가 넘쳐나는 세상일수록 독서의 중요성은 더욱 커지고 있다. 체계적으로 정리된 내용을 '읽음'으로써 다른 매체를 통해 보거나 들은 정보를 더 자세히 보충하고 폭넓게 이해할 수 있게 되기 때문이다.

폭증하는 지식과 정보 중에서 어떠한 것이 정말 나에게 유익하고 필요한지에 대해 판단하기 위해서 독서는 필수적이다. 또, 비판적인 검토 과정 없이 다양한 매체에서 제시하는 정보와 주장을 수용하게 되면, 올바른 판단을 내리지 못한 채 매체에 휘둘리게 될 수도 있다. 결국, 독서는 우리가 경험하는 파편화된 지식과 정보를 체계적, 비판적으로 검토할 수 있는 기회를 준다는 점에서, 여전히 매우 중요한 지적 활동이라 할 수 있다. 그리고 무엇보다 독서는 상대적으로 적은 비용과 시간을 들여 많은 양의 정리된 정보를 축적할 수 있고 정보의 축적 과정을 독자 스스로 통제할 수 있다는 장점이 있다. 원한다면 언제든지 같은 책을 다시 볼 수 있고, 필요할 경우 독서를 잠시 중단하고 내용에 대해 좀 더 깊이 고민해 볼 수도 있는 것이다.

한편, 독자는 독서를 통해 저자가 제시하는 인생을 살아가는 지혜를 배울 수도 있다. 저자와 대화를 나누는 과정에서 인생에서 직면하는 여러 문제나 의문을 스스로 해결할 수 있는 힘이 길러지고, 인간에 대해 더 폭넓게 이해할 수 있게 된다. 누구든 좋은 책을 읽으면 시대를 초월하여 가치 있는 지식과 혜안을 얻는 것이다.

따라서 '책은 선택의 대상이 아니라 필수다.' 사람은 독서하고 체험하면서 세상사는 지혜와 요령을 조금씩 깨닫기 때문이다. 뿐만 아니라, 독서는 학생에게만 국한된 것이 아니다. 나이, 장소, 직업, 경력 등을 가리는 것도 아니다. 독서는 누구나 하고 싶어해야 하는 것이고, 반드시 해야 하는 것이다. 그것은 자신의 행복추구 뿐만 아니라 생존을 위한 것이기 때문이다.

> "책은 가장 조용하고 가장 변함없는 친구다. 그들은 가장 접근하기 쉽고 가장 현명한 상담가이며 가장 인내심이 많은 교사이다." -찰스 W 엘리오

선현들이 말하는 최선의 독서법은?

세상이 급변하는 시대에 각자 생존에 필요한 지식과 기술을 습득하고, 현재보다 더 나은 미래를 창안해서 만들려면, 필히 독서로 성공지능을 높여야 한다. 좋은 책은 시대를 초월하여 가치 있는 지식과 혜안을 주기 때문이다.

따라서 독서를 '왜?' 해야 하는지 제대로 알고, 독서하는 마음과 자세는 어떠해야 하며, 나아가 '올바른 독서는 무엇을 어떻게 해야 하나?'를 자문하며 자신만의 최선의 독서법을 구축해야 한다. 우선 선현들이 말하는 최선의 독서법부터 알아보자.

첫째, 독서는 저자와의 대화이다.

율곡 이이, 퇴계 이항, 피터드러커, 스티브 코비는 이 세상 사람이 아니지만 그들의 책을 읽으면 그들과 함께 있는 것 같다. 그 사람의 책을 읽으면서 얼마나 많은 위로를 받고 깨달음을 얻었는지 모른다. 독서는 혼자 있는 것 같지만 혼자 있는 게 아니다. 세상에서 가장 위대한 사람과 함께 있는 시간이다. 뛰어난 사람과의 만남은 늘 나를 자극한다. 내가 부족하다는 깨달음을 준다. 매일 그런 분들과 시간을 보내는 사람과 생전 그런 분들의 냄새도 못 맡고 지내는 사람은 어떤 차이가 있을까? 여러분 판단에 맡기겠다. "좋은 책을 읽는 것은 과거 가장 뛰어난 사람들과 대화를 나누는 것과 같다" 프랑스의 철학자 데카르트가 한 말이다.

둘째, 독서는 뇌를 단련시키는 행위이다.

독서를 하면 뇌에 근육이 생기고, 독서를 하지 않으면 뇌 근육이 풀려 흐물흐물한 사람이 된다. 눈은 겉으로 드러난 두뇌이다. 반짝이는 눈을 가졌다는 건 두뇌가 그만큼 발전하고 있다는 증거이다. 그렇기 때문에 필자는 사람들의 눈을 유심히 본다. 반짝이는 눈을 가진 사람을 좋아하고, 필자 역시 그런 눈을 갖고 싶다. 어떻게 하면 그런 눈을 가질 수 있을까? 그것은 독서가 답이다. 독서를 하면 눈이 반짝이게 되고, 독서를 하지 않으면 눈이 흐릿해진다. 반짝이는 눈을 갖고 싶으면 책을 읽으면 된다. 그러면 호기심이 생기고, 호기심이 있으면 열심히 책을 찾아 읽게 되는 선순환이 일어난다. 뇌력의 호기심을 높이려면 더욱 책을 읽어야 한다. 뇌에 영양분을 공급해야 한다. 몸에 영양분을 공급하듯, 책은 뇌력을 높이는 정신적 양식을 공급하기 때문이다.

셋째, 독서는 저자뿐만 아니라 나와의 대화이다.

독서는 책을 읽는 것 같지만 사실 나를 읽는 행위다. 저자의 생각을 읽으면서 나도 모르게 내 생각을 하게 된다. 저자의 생각이 내 뇌를 자극해 여러 생각을 하게 되는 것이다. 책을 보면서 배우고, 새롭게 깨닫고, 그동안의 자신을 돌아보며 반성하면 나도 모르게 성장한다. 독서는 나 자신과 마주 서게 한다. 독서를 하다 보면 자꾸 질문을 하게 된다. 나는 누구인가? 지금 나는 잘 살고 있는

가? 이게 내가 원하던 삶인가? 이렇게 살다 죽어도 여한이 없는 가? 지금 하는 일이 정말 내가 하고 싶은 일인가? 그렇지 않다면 나는 어떤 일을 하고 싶은가? 이와 같은 근원적인 질문을 던지게 된다.

넷째, 독서는 생각의 미끼이다.

독서는 머리에 자극을 준다. 좋은 생각은 절대 공짜가 아니다. 좋은 생각이란 언젠가 보고 듣고 경험했던 일들이 잠재의식 속에 있다가 자극을 받으면 살아나는 것이다. 책을 읽지 않는다는 건 미끼 없이 낚시를 하려는 것과 같다. 미끼가 없어도 아주 가끔은 고기가 잡힐 수 있지만 확률은 지극히 낮다. 독서는 저자의 생각을 미끼로 사용해 내 생각을 낚는 것이다. 저자의 생각을 읽는 것 같지만 사실 내 생각을 파헤치는 것이다. 나도 모르는 내 마음 깊은 곳을 탐색하는 행위이다. 독서는 앉아서 하는 여행이고 여행은 걸어서 하는 독서인데, 둘의 공통점은 지적 자극이라는 것이다. 책은 늘 나를 자극해 내 안 깊은 곳에 숨어 있는 생각을 끄집어낸다.

다섯째, 독서는 인간에 대한 이해의 폭을 넓혀준다.

책을 읽으면 다른 사람의 삶을 보게 된다. 실제 내가 사는 것은 아니지만 책을 통해 그 사람의 인생을 대충이나마 알게 되고 대리로 사는 경험을 해볼 수 있다. 인간은 시간과 공간의 제약 속에 살기 때문에 모든 경험을 다 할 수 없다. 모든 인간을 다 만나볼 수도 없다. 하지만 책을 통해 다른 삶을 엿봄으로써 사람에 대한 이해가 넓어진다. 타인을 이해하는 능력이 높아진다. 독서를 하지 않으면 이해의 폭이 좁아 자신과 조금만 달라도 거부하고 미워하게 된다. 사회생활에서 사람을 이해하는 능력의 중요성은 아무리 강조해도 지나치지 않은데, 독서는 그런 바탕을 제공한다. 자신과 다른 사고방식을 가진 사람과 만나도 대뜸 거부하는 대신 여유롭게 사귈 수 있는 포용력을 길러 준다. "독서는 성실한 사람을 만들고, 대화나 토론은 재치 있는 사람을 만들고, 저술은 치밀한 사람을 만든다." 영국의 철학자 프랜시스 베이컨의 말이다.

끝으로 최고가 되려면 목표가 뚜렷해야 한다.

왜? 거기까지 가야 하는 이유를 알아야 하고, 가고 싶은 열정이 있어야 하기 때문이다. 누가 시켜서는 절대 그 위치까지 올라갈 수 없다. 뿐만 아니라 최고는 하루아침에 만들어지지 않는다. 일정 시간이 필요하다. 삶을 변화시키는 최선의 독서도 마찬가지다. 그렇기 때문에 우리는 독서를 하면서 늘 자신에 대해 다음과 같은 질문을 해야 합니다. 나의 과업은 무엇인가? 왜 독서를 해야 하는가? 앞으로 내 일은 어떤 것이 되어야 하는가? 그러려면 무엇을 독서해야 하는가? 어떤 방법으로 해야 하는가? 내게 맞는 방법은 무엇인가? 5년 후, 10년 후 어떠해야 하는가? 매년 나의 모습과 내 이력서는 달라지고 있는가? 독서를 통해 나는 내 분야에서 충분한 경쟁력을 갖추고 있을까? (⋯.)

앞으로 독서를 지도할 때, 자녀가 창의적이고 독창적인 생각을 하도록 부모의 적극적인 유도 질문도 필요하다. 단순히 책만 많이 읽는 천만 독서, 스펙 독서를 강요할 것이 아니라 '만약 백설공주가 예쁘지 않고 못 생겼다면, 왕자는 공주를 구했을까?' '심청은 꼭 인당수에 빠져야만 했을까?' '네가 판사라면, 장발장에게 어떤 판결을 내렸을까' 등등 책을 읽으면서 생각하고, 비판하며, 판단하도록 유도하는 질문과 독창적인 서로 다른 의견을 주고받아야 한다.

Tip6: 대한민국 독서 수준 (국제 성인 역량 조사 결과)

2015년 한국의 독서율은 OECD 평균과 비슷한 수준이다. 다만 매일 읽거나 일주일에 한 번 읽는 독자를 습관적 독자라고 했을 때 습관적 독자의 비율은 한국이 가장 낮으며 일본이 그다음으로 낮다. 16~44세로 한정했을 때는 일본 다음으로 낮고, 전체로는 한국이 가장 낮다. 그 이유는 일부 사람들이 독서를 한마디로 '돈이 안되는 행위'라고 여기기 때문이다.

국제 성인 역량 조사(PIAAC)는 경제협력개발기구(OECD)에서 주관하고 있는 국제비교조사이다. 성인의 역량(경쟁력)은 국가의 교육 및 훈련정책, 평생학습, 노동시장 정책 분야의 주된 정책 목표인데, 성인의 역량을 충분히 개발하고 효과적으로 활용하는 것은 국가 경제성장과 사회통합, 국제경쟁력 향상에 매우 중요한 과제로 인식된다(Programmer for the International Assessment of Adult Competencies).

실제로 우리나라의 학생들에겐 학업의 이유로, 중고등생을 좋은 대학 진학 이유로, 대학생들에겐 취업의 이유로, 직장인 이상에게는 생업의 이유로 독서가 본래의 의미를 상실해 가고 있다. 그래서 현재 우리나라 사람은 독서할 시간에 차라리 자격증 공부해서 스펙 하나 더 쌓는 것을 좋게 여긴다. 학생일 땐 독서를 해서 각종 교양이나 지식을 쌓을 시간에 공부를 해서 성적을 올리면 훨씬 더 좋은 미래가 보장되며, 직장인일 땐 독서 하나 더 했다고 빡빡한 월급에 도움이 되는 건 조금도 없고 차라리 업무에 더 집중하고 자기계발로 승진을 하거나 더 나은 직장에 이직하도록 노력하는 것이 삶에 훨씬 더 보탬에 된다고 생각한다.

젊은이가 읽는 책들은 공부 방법론이나 취업 서적, 성공하는 법, 마음 다스리기, 심리학 등을 주제로 한 자기계발서, 만화, 라이트 소설뿐이고 운 좋게도 드라마화가 되는 소설 정도다. 세계 도서 출판율이 7위임에도 한국인들에게 읽히는 책들은 편향적이라는 것이다. 자신의 어휘력 부족을 탓하기보다는 자기가 모르는 단어를 쓴다는 것만으로 상대방이 잘난 척을 한다며, 멀쩡한 사람을 쓸데 없이 진부한 인간으로 취급하는 일이 벌어진다.

젊은이에게 독서는 중요하고 반드시 필요하다. 사고력과 창의력을 기르는데 도움을 주기 때문이다. 하지만 바쁜데 개인 시간의 일부를 투자해서 길러야 하는 능력인지는 우리나라 사람이 의문을 갖고 있다. 그 결과는 PIAAC가 증명하고 있다. 우리 사회가 위기의식을 갖고 나서서 '독서의 중요성과 필요성'을 적극적으로 알리고 계몽할 필요가 있다. 독서수준이 미래의 국가 모습이 되기 때문이다. 누구보다 독자들은 좋은 독서습관을 만들자. 이 책이 도움이 되길 희망해 본다.

자녀들의 독서는 자녀 성격과 특성을 고려하여 독서를 지도하고, 인내를 가지고 자녀의 독서습관도 만들어야 한다. 그러려면 우선 부모가 가정에서 독서하는 것을 솔선해서 보여주는 것이 중요하다. 자녀들은 부모의 솔선수범하는 독서행위 모습을 보고 모든 것을 배우기 때문이다. 그리고 독서지도는 앞에서 언급한 올바른 독서지도법을 참조 바란다.

끝으로 빠르게 변화하는 교육환경, 불투명한 미래, 지식의 주기가 18개월밖에 되지 않는 지금, 부모들은 아이를 어떻게 키워야 할지 막막하다. 끊임없이 문제에 부딪히고 해결해야 하는 미래사회를 준비하기 위해서 필요한 능력은 무엇일까? 바로 '창의성'과 '문제해결력'이여 그 해답은 '진짜 공부, 뇌자극 독서교육과 뇌자극 질문. 토론 교육'에 있다는 것을 인식하기 바란다.

> 참고: 자녀의 공부는 가정환경과 부모의 영향을 받는다!
> 가정 학습공간은 가족의 주 생활공간인 주방+거실 한쪽 벽면에 책장을 설치하고, 한편에 긴 책상과 다수의 의자를 놓는다. 그리고 가족 각자는 식탁이나 책상 의자에 앉아서 일하거나 공부하는 것이다.
> 그러면 자녀에게 별도의 공부방(심리적 감옥)보다 훨씬 더 좋은 학습공간이 된다. 왜냐하면 부모의 목소리 들으며 생활의 소음을 공유하게 되면 자녀는 안정감을 가지고 오히려 자신의 공부에 몰입할 수 있기 때문이다. 나아가 부모가 일하고 공부하는 모습을 보면, 자녀는 자신의 공부에 좀 더 집중. 몰입하게 된다. 그리고 공부하다 모르면 부모에 물어볼 수도 있다(하브루타를 하면 더 좋다). 뿐만 아니라 ICT에 매몰되는 사태도 예방할 수 있다.

부 록

유대인 자녀교육은 우리에게 매우 유익한 참고자료다.

공부 못해도 성공하려면 성공원칙이 무엇인지 알아야 하기에 베스트셀러 '성공원칙' 책에서 일부 인용했다.

부자가 되려면 학교 공부는 어떻게 해야 하나? 라는 의문에 대해 답을 책 '세이노의 가르침'에서 일부 인용했다.

그리고 필수 과학 200가지는 의사결정에 도움을 준다. 현대 과학 개념으로 클루지를 예방하고 인지능력을 높여 합리적 의사결정에 도움을 주기 때문이다.

단, 필수 과학 개념은 독자가 안 읽어도 된다. 용어나 내용이 어렵기 때문이다. 독해력을 높인 후 읽으면 좋다! 독자에게 남겨진 숙제다!

유대인 자녀 교육['왜 창의적 인재인가?' 책에서 인용]

유대인들은 기본적으로 2살 때부터 독서하기, 음식 만들기, 설거지 및 청소하기, 몸을 깨끗이 씻기, 토론하기 등을 일상적으로 가르치며, 무엇이든 '싫으면 하지 말라, 하려면 최선을 다하라'고 가르친다. 만 13세에 '바르미쯔바' 성인식을 하고 부모로부터 벗어나기 시작하여 19세면 완전히 독립시킨다.

특히 그들은 자녀를 선인장꽃의 열매인 '사브라'라고 부르며, 어떤 악조건에서도 꽃을 피우고 열매를 맺는 억척스러운 생존본능을 가르친다. '사람이 살아 있는 한 빼앗을 수 없는 것, 그것은 지혜다'라는 믿음도 가르치고 있다. 유대인은 '탈무드'라는 지혜의 보고를 통해 자식에게 지혜와 생활 방법을 물려주는 것이야말로 어버이의 소임이라는 신앙을 믿고 실천해 오고 있다.

자녀교육 원칙

부모의 사랑이 자녀의 창의성을 키운다. (자녀의 자유를 소중히 여기는 것이다.)

유대인은 "하나님의 섭리를 이해하고, 세상을 보다 좋게 창조혁신" 하도록 해야 한다.

부모는 '하나님이 위탁한 자녀를 성심성의껏' 잘 키워야 한다. "이스라엘아 들으라. 우리 하나님 여호와는 오직 하나인 여호와 이시라, 너희는 마음을 다하고, 성품을 다하고, 힘을 다하여 하나님 여호와를 사랑하라! 이를 자녀에게 가르쳐라!" 그리고 교육은 하부루타(질문과 토론) 방식으로 한다.

자녀교육 기본정신

유대인은 '자녀들이 부모의 말과 행동을 통해서 성장한다'고 말한다. 공부는 물론이고 인성이나 가치관, 사회성, 교우관계 등 부모의 자녀교육이 결정적인 영향을 미친다고 믿는다. 그래서 그들은 경전(토라·탈무드)을 기반으로 부모가 솔선수범하며 성심성의껏 자녀교육을 한다. 경전은 유대 생존 번영의 지혜이기 때문이다.

유대인 부모는 아이에게 일방적으로 "예 또는 아니오"의 단답을 원하는 질문을 하지 않고 "마따호세프(네 생각은 뭐니 또는 그것에 대해 어떻게 생각하니)?"라는 질문을 가장 많이 한다. 아이를 존중

하는 태도로 아이의 입장을 듣고자 한다.

아이가 자신의 감정을 말로 표현하도록 가르친다. 아이에게 솔직히 말할 기회를 주어 부정적인 감정이 쌓이지 않도록 하고, 다른 사람과의 소통도 중요하지만 자신의 내면의 소리에도 귀를 기울이도록 가르치는 것이다. 일상적인 대화를 하면서도 쓰다듬거나 껴안아주면서 아이가 자존감을 지키고 행복감을 느끼도록 한다. 자존감이 높은 아이들은 어려운 문제에 부딪히더라도 잘 견디고 문제를 창의적으로 해결해 나가기 때문이다.

• 자녀 꿈 키우기(아기 목욕시킬 때 암송 기도문)

얼굴을 씻어주면서는 "하나님, 이 아이의 얼굴은 하늘을 바라보며 하늘의 소망을 갖고 자라게 하소서!"

머리를 씻기거나 감기면서는 "하나님 우리 아기 머릿속에 지혜와 지식이 가득 차게 하소서!"

입 안을 씻어주면서는 "하나님, 이 아이의 입에서 나오는 말이 복음의 말이 되게 하소서!"

손을 닦아주면서는 "하나님, 이 아이의 손은 기도하는 손이요 세상에 유익한 것을 만드는 손이 되게 하소서!"

발을 닦아주면서는 "하나님, 이 아이의 손과 발을 통해 온 민족이 먹고 살게 하소서!"

가슴을 씻어주면서는 "하나님, 우리 아기 가슴에 나라와 민족을 사랑하는 마음을 주소서!

나아가 5대양 6대주를 가슴에 품고 살게 하소서!"

배를 씻어주면서는 "하나님, 우리 아기 오장육부를 거강하고 튼튼하게 자라게 하소서!"

성기를 씻어주면서는 "하나님, 우리 아기가 순결을 지켜, 행복한 가정을 이뤄 축복의 자녀를 준비하게 하소서!"

엉덩이를 씻어주면서는 "하나님, 우리 아기가 교만하지 않고 겸손한 자리에 앉게 하소서!"

등을 씻어주면서는 "하나님, 이 아이가 부모를 의지하지 않고 안 보이는 하나님을 의지하게 하소서!"

이렇게 기도하며 아기를 목욕시킵니다.

(반복적인 암송기도는 아이가 원대한 꿈을 잠재적으로 갖게 하기 때문이다.)

• 성심성의껏 키우기(자녀한테 '화'날 때 기도문)

"화가 치밀어 오를 때마다 참으며, 이를 이겨낼 수 있는 자제력을 주소서!"

"화가 나도, 모진 비난과 매질로 아이의 영혼을 짓밟지 않도록 자제력을 주소서!"

"사소한 짜증과 아픔, 고통, 보잘것없는 실수와 불편에 눈감게 하소서"

"아이 생각과 기분을 깊이 헤아리고 있음을 아이가 알 수 있도록 공감하게 하소서!"

"아이들의 수많은 갈등을 해결해주고, 물음에 대답해 주고, 율법대로 살아가도록 가르칠 수 있는 지혜를 주소서!"

"고통과 좌절의 순간에도 아이의 존재를 처음 깨달았을 때 느꼈던 환희와 아이가 첫걸음마를 뗐을 때의 기쁨과 아이를 처음 끌어안았을 때의 희열을 결코 잊지 않게 하소서!"

"지치고 힘들 때에도 아이를 위해 움직일 수 있는 힘과 건강을 주소서!"

"신념과 긍정의 힘으로 자신 있게 삶을 대하는 기쁨과 웃음과 열정을 주소서!"

"모진 말과 비난으로 아이의 영혼을 조종 파괴하지 않도록 침묵을 주소서!"

"아이를 있는 그대로의 모습으로 받아들이는 포용력을 주소서!"

"그리고 이해를 필요로 하는 내 내면의 아이도 사랑하게 하소서!"

자녀가 잘못했을 때 부모는 이렇게 한다. 기도를 먼저하고, 질문하면서 대화로 푼다. 잘못이 있어 처벌하려면 원칙 있는 처벌을 한다. 물리적 폭력보다 더 조심해야 할 심리적 폭력을 경계한다.

유대인에게 '교육'은 가장 중요한 가치이다. 교육은 곧 신앙 그 자체이다. 그래서 그들은 예로부터 토라와 탈무드를 통한 평생 공부를 당연하게 여겼다.

유대 자녀 9단계 경제 교육

부모는 '자녀가 13세 성인식을 할 때까지 9단계 경제 교육'을 한다. 자녀가 '성인 판단력을 갖고, 경제적 자립을 하도록' 가르친다.

1단계	원대한 꿈 키우기(유대 경전은 생존 번영의 지혜)
2단계	돈의 의미 교육(2500년 방랑 생활의 교훈)
3단계	아이와 규칙을 정해 실천하기 (보통 3살부터 시작)
4단계	자녀교육은 '약자를 돌보는 체다카'부터 '티쿤 올람(Tikun Olam)' 사상까지
5단계	용돈 기록 습관들이기
6단계	스스로 용돈 벌기
7단계	돈보다 더 중요한 게 '시간과 지식'이라는 사실 가르치기
8단계	'신뢰의 가치'를 가르치며, 동료 험담이나 비난을 금지
9단계	13세 때 성인식＝ 자녀교육의 완성

이 중에서 1단계와 9단계만 간략히 소개하면 다음과 같다.

- 1단계 : 원대한 꿈 키우기(유대 경전은 생존 번영의 지혜)

1. 아이가 13세 성인식 전까지 '성인 판단력을 갖추고 경제자립을 할 하도록' 교육을 한다.

2. 교육은 "엄마의 암송교육, 아빠의 밥상머리 교육, 베갯머리 책 읽어 주기" 등을 한다. 내용은 '원대한 꿈을 갖고, 세상을 창조혁신하는 성인'이 되도록 한다.

3. 아이의 눈높이에 맞춰서 호기심을 키워주는 질문을 하고 토론하며, 결과보다 과정을 중시하는 교육을 한다. (하브루타)

4. 매일 과학기술을 학습하며, 세상을 보다 좋게 창조혁신 개선하는 노력을 부모가 솔선한다.

"자녀가 하나님의 뜻에 합당한 삶을 살지 못하면 죄가 된다." 기원전 1세기 랍비 힐렐은 "세계와 우주를 이해(과학기술)하고, 인류의 모든 삶을 좋게 만드는 것이 경전(토라, 탈무드)의 기본정신이다."라고 '티쿤 올람 사상'을 가르쳤다.

유대인은 '하나님의 섭리를 이해하고, 세상을 보다 좋게 창조혁신해야 하기' 때문에 하나라도 더 배워야 한다는 것이다. 그래서 유대교는 '배움'을 기도와 같은 신앙생활로 간주한다.

(중략)

• 9단계 : 13세때 성인식= 자녀교육의 완성

1. 자녀가 13세가 되면 성인식을 한다.

2. 성인식 3가지 선물은 경전(토라, 탈무드), 손목시계, 축의금이다.

3. 축의금은 전통적으로 친척들이 유산을 물려준다는 의미로 큰 축의금을 낸다.

- 성인식 때, 축의금은 보통 몇만에서 수십만 달러가 모인다.

4. 유대인들은 성인식때 마련한 축의금을 복리개념(=시간은 돈)에 투자를 한다. (만일 1억 원을 20%(다우존스지수 20년간 연평균 수익률) 연복리로 20년간 투자한다고 가정할 때 20년 후에는 38억원이 된다. 복리는 유대인 부의 비밀로 전승되어 왔다.

5. 유대인 자녀는 13세 때부터 독립적으로 큰돈으로 '포트폴리오 재택크'를 시작한다.

- 돈을 불리기 위해 스스로 투자, 금융, 부동산, 경제 공부를 시작하며, 친구들과 함께 재테크 연구회를 구성하거나 가입해서 재테크부터 배운다.

- 포트폴리오는 주식, 채권, 현금, 적금, 부동산, 등에 분산 투자하는 것이다.

- 우리 자녀는 '돈벌이' 할 때, 유대인 자녀는 '돈 불리기'를 한다.

6. 유대인은 대학 졸업할 때 '취직이냐 창업이냐'를 결정한다.

7. 성인식 이후, 유대인 부모는 삶 속에서 본을 보이며 뒤로 물러나 지켜본다.

자녀는 성인식에서 토라인 모세오경 중에서 한 편을 암기한다. 그리고 참석자들을 향해 미래 자신의 꿈이나 각오, 준비한 강론까지도 한다.

유대인식 사고법이란?

'사과나무에서 사과가 떨어졌다.' 이 모습을 보고 무슨 생각을 할 수 있을까? 사과가 나무에서 떨어지는 모습을 보고 '왜 사과가 떨어졌을까?'하고 생각하는 영국사람(뉴턴), 사과가 나무에서 떨어진 모습을 보고 가을의 쓸쓸함과 인생무상을 생각하는 한국 사람, 유대인이라면 분명 이렇게 생각했을 것이다. '왜 사과는 하늘로 올라가지 않고 땅으로 떨어졌을까?' 이런 생각이 유대인식 사고법이다.

유대인들은 항상 남들과 다른 시각, 다른 안목, 다른 태도로 사물을 생각해보라고 말한다. 이와 같은 의미로 우리도 자주 "사물을 다방면으로 보아야 한다"고 말한다. 그러나 우리가 말하는 '다방면'적인 시각과 유대인식의 사고로 사물을 바라보는 시각은 근본적으로 다르다. 어떤 점에서 차이가 있다는 걸까?

> 우리가 말하는 '다방면'이란 같은 물체를 다양한 각도로 보는 것을 말한다. 예를 들어 컵을 위에서 내려다보면 동그란 모

양으로 보이지만, 옆에서 바라보면 사각형 모양으로 보인다. 즉 보는 사람의 위치에 따라 사물의 모양이 바뀐다는 뜻이다. 그러면 내가 보고 있는 사물이 나를 보고 있다면 어떻게 될까? 다시 말해 컵이 나를 바라보고 있다고 생각해 본다. 이러한 생각이 유대인식 역발상이고, 주객전도 발상인 것이다. 또한, 유대인들은 경전을 토론하면서 좀 더 다른 차원으로 사물을 바라본다. (이것은 하부루타(질문과 토론) 교육방식으로 단련된 사고법이다.)

자신의 시각도 상대방의 시각도 아닌, 이차원(異次元 = 차원이 전혀 다른 4차원 = 신의 관점)에서 자신과 상대방을 바라본다. 시간의 관점도 지금은 이렇지만 1년 후, 2년 후, 10년 후, 20년 후 50년 후, 100년 후에는 어떻게 될까 하고 생각하는 것이다. 4차원은 지금 나와 상대방이 존재하는 차원에서 벗어나 즉 상식과 질서 또는 시간과 공간의 고정관념에서 벗어나 자유로운 발상을 하는 것이다. 이처럼 유대인들은 시공간 발상의 전환을 무기로 수많은 발명과 기술혁신을 만들었던 것이다.

Tip7: 뇌과학적으로 '두뇌 좋은 아기를 낳고 기르는 법' ('행복한 가정의 비전' 2005 필자 책에서 인용)

인간의 지능에서 가장 기본적인 부분인 기억에도 시냅스가 깊이 관련되어 있습니다. 그런데 만약 기억력은 좋은데 연상력이나 창조력이 부족하다면 진실로 머리가 좋다고 할 수 없습니다. 기억력뿐만 아니라 연상력이나 창조력은 신경세포 사이의 정보 교환이 긴밀하고 또 빈번하게 이루어져야 비로소 나오게 됩니다. 결국 대뇌의 배선이 복잡하게 얽히고 시냅스의 수가 많으면 많을수록 '두뇌가 좋은' 것입니다.

모든 부모는 두뇌가 좋은 아기를 낳고 재능 있고 똑똑한 아이로 키우고자 합니다. 그렇다면 부모는 무엇을 어떻게 해야 할까요? 지금부터 시냅스 수를 늘려 두뇌 좋은 아이를 기르는 부모의 핵심역할 5가지를 과학적으로 설명하고자 합니다. (세계 뇌 주간에 발표된 뇌 관련 논문 및 기타 국내외 수많은 뇌 관련 자료를 취합 정리)

첫째, 우수한 두뇌를 만드는 것은 부모의 책임

둘째, 모유만이 아기의 뇌를 위한 최고의 영양

셋째, 신생아의 뇌를 기르는 것은 엄마의 스킨십

넷째, 아기 두뇌 발달엔 '도리도리, 잼잼, 까꿍' 놀이가 최고

다섯째, IQ 높이려면 동화를 읽어주라

(중략)

이 중에서 셋째, 넷째 두뇌 발달 놀이 일부와 다섯째만 간략히 소개하면 다음과 같다.

신생아의 뇌를 기르는 것은 엄마의 스킨십

스킨십은 아기의 지능과 기능 정서의 발육에 매우 중요합니다. 갓 태어난 아기는 아직 눈도 잘 안 보입니다. 눈의 구조는 완성되어 있지만, 그것을 시각으로 잡는 뇌의 배선이 아직 완성되어 있지 않기 때문입니다. 시각뿐만 아니라 지능을 만드는 배선도 전혀 구성되어 있지 않습니다. 이 배선은 4~5억 개의 신경세포에서 뻗은 '수상돌기'가 얽혀 이루어지는 것인데, 이것은 적당한 자극이 없으면 발육하지 않습니다.

그러면 눈이 안 보이는 아기는 어떠한 자극을 받고 있는 것일까요? 그것은 피부 감각과 청각 그리고 후각입니다. 아기는 젖을 먹을 때 입술로 어머니의 젖꼭지와 부드러운 유방의 촉감을, 그리고 전신에 받는 따뜻하고 부드러운 어머니의 몸에 대한 촉감을 느낍니다.

또한 귀로 어머니의 뱃속에서 들었던 리드미컬한 심장 음을 듣습

니다. 어머니의 상냥한 음성도 듣습니다. 말 뜻은 모르지만 음성으로 자기를 사랑해 주고 소중하게 보호해 준다는 것을 느낍니다. 이러한 스킨십은 아기에게 깊은 안도감을 주고 정서를 안정시키는 동시에 대뇌 속의 배선을 발육시켜 가는 데 좋은 자극이 되는 것입니다.

만일 스킨십이 부족하면 아기는 늘 불안하여 욕구 불만의 상태에 놓이게 되므로 노여움이나 폭력을 촉진하는 호르몬 분비 구조가 불균형하게 발육됩니다. 유의할 것은 아기의 스킨십 상대는 누구라도 좋으나, 아기는 후각이 가장 일찍 발달하여 냄새에 민감하므로, 자주 스킨십의 상대가 바뀌면 냄새가 다른 사람이라는 것을 알게 되어 불안감을 가져 스트레스를 받게 됩니다. 불안이나 스트레스는 아기의 뇌를 발육하는데 가장 큰 적이므로 생후 6개월까지는 제한된 사람이 돌보아 주는 것이 가장 좋습니다.

물론 할머니도 좋지만 역시 본능적으로 자기가 낳은 아기에게 깊은 애정을 갖는 엄마가 가장 좋을 것입니다. 머리 좋고 건강한 아기로 기르고 싶다면 최소한 6개월(유태인은 1~3년)은 산후 휴가를 가져 아기를 돌보아야 합니다. 그리고 가만히 놔두기만 해서는 안 되고 스킨십을 많이 해야 합니다.

아기는 눈이 보이기 시작하면서 어머니의 얼굴을 기억하게 됩니다. 2개월이 지나면 확실히 기억해서 엄마의 얼굴이 안 보이면 울기도 합니다. 엄마의 모습도 이제까지는 눈의 움직임만으로 쫓다가

목을 돌려 보게 됩니다.

1개월 반이 지날 무렵부터는 어머니가 미소를 던지면 아기도 미소로 답합니다. 이것은 완전히 의식적인 행동입니다. 이 시기에 엄마가 젖을 주면서 핸드폰이나 TV를 보면 어떻게 될까요? 핸드폰이나 TV를 보는 엄마의 얼굴은 이상하게 보이고, 웃음을 보내 주지도, 시선도 마주치지 않고, 말도 걸어 주지 않는 엄마의 태도는 아기에게 말할 수 없는 불안을 줍니다.

중요한 것은 '웃음을 던져준다, 말을 걸어 준다' 등은 아기의 뇌 발육에 더없이 좋은 자극제입니다. 아기를 안고 있을 때 핸드폰이나 TV만을 정신없이 보고 있는 엄마는 엄마 자격이 없는 것입니다. 엄마가 아기에게 젖을 줄 때에는 오로지 아기와 시선을 맞추고 사랑으로 어루만져 주어야 합니다.

아기 두뇌 발달엔 '도리도리, 잼잼, 까꿍'놀이가 최고

신생아의 뇌에 가장 효과적인 요소는 자식을 사랑하는 부모가 본능적으로 취하는 행동입니다. 옛날 우리 부모는 아기를 끌어안고 마주 보면서 확실하고 애정이 담긴 목소리로 말을 건네며 '도리도리, 잼잼, 까꿍' 놀이와 숨바꼭질 등으로 함께 놀아주었습니다. 그것이야말로 뇌의 발달에 가장 좋은 전략임이 첨단 과학을 통해 입증되고 있습니다.

주) '불아불아', '도리도리 짝짜꿍'이나 '곤지곤지 잼잼'은 '단 동십훈'으로써 단군 이래 전해오는 놀이 육아법입니다. 우리 가 어릴 적에 영문 모르고 즐겼던 것들입니다. 하지만 거기 엔 심오한 세계관과 생활철학이 스며 있습니다. '까꿍'은 '각 궁(覺躬)'으로 '자신을 깨달아라!'는 뜻입니다. 곤지(乾知, 坤 知)는 힘써 공부하여 도리를 알라는 것이며, 도리(道理)는 사 람의 도리와 세 상의 이치를 알라는 것이고, 잼잼(潛潛)은 정 당하게 재물을 가지라는 뜻입니다. 불아불아(弗亞弗亞)는 사 랑으로 땅에 내려오고, 神(신)이 되어 다시 하늘로 올라가는 무궁무진한 생명을 예찬하는 것으로 "우리 아가, 귀한 아가, 이 세상에 흰히 비칠 빛이 되거라!"입니다. 우리가 왜 살아 야 하는지, 어떻게 살아야 할지 놀이를 통해 지혜를 알려주 는 생활교육인 것입니다.

IQ 높이려면 동화를 읽어주라

아이들의 지적 발달에는 선천적 요인과 후천적 요인이 모두 작용 합니다. 후천적 요인은 아이가 태어난 다음 부모가 미치는 영향입 니다. 엄마들은 누구나 아이들이 태어나자마자 마치 스펀지처럼 모 든 경험을 흡수하기 시작한다는 사실을 압니다. 아동 전문가는 '아 기에게는 모든 경험이 학습의 기회'라고 말합니다. '아주 어릴 때부터 자극을 주면 아이의 뇌 회로 발달이 촉진됩니다'. 부모는 아이의 뇌 회로가 퇴화되지 않도록 충분한 자극을 주어야 합니다.

바닥을 기어 다니는 놀이는 아기들의 몸통과 팔다리를 강하게 만들어줍니다. 전문가들은 보행기 같은 비싼 기구에 돈을 쓰지 말라고 권고합니다. 생후 6개월 된 아기는 기어 다녀야 정상이며 기구를 사용해 억지로 걷게 하면 좋지 않다는 것입니다. 정상적인 사람은 7~9개월까지는 걷지 않습니다. 허리와 발의 뼈가 충분히 발달하지 않아 체중을 지탱하지 못합니다. 그때까지는 기어 다녀야 합니다. 영아 돌연사증후군의 위험이 있기 때문에 아기를 엎어 재워서는 안 되지만 놀 때는 가능한 한 많이 배를 깔고 놀게 해야 합니다. 전문가는 아기가 '잘 때는 눕고 놀 때는 엎드리게' 해야 한다고 말합니다. 오랜 시간 눕혀 놓아 뒤통수가 납작해지는 아기들이 너무나 많습니다.

아기를 유모차에 태우지 말고 가급적 안고 다녀야 합니다. 아기는 작은 두 팔로 부모를 안으면서 남에게 안기는 감각이 무엇인지 알게 됩니다. 아이의 운동 신경을 더욱 발달시키려면 아이가 상자 속으로 들락날락하게 하고 의자 밑으로 기어 다니게 해야 합니다. 머리를 부딪치지 않으려다 보면 자신의 몸이 공간의 어느 부분에 있는지 파악하는 능력이 생깁니다. 아이에게 첨단 놀이기구를 사주기보다 단순한 도구를 가지고 놀면서 학습하게 하는 편이 좋습니다. 아기들은 계량컵을 여러 개 포개거나 싱크대 수납장 속에 기어 들어 가는 행동을 통해서도 여러 가지를 배웁니다. (먼저 칼이나 유해한 세제 등의 위험한 물건은 모두 치워야 합니다.)

아기들은 물건을 던져서 어른들이 그것을 주워오게 만드는 놀이도 좋아합니다. 이런 경험을 통해 던진 물건이 완전히 사라졌는지 아니면 아직 존재하는지 파악하게 됩니다. 음악, 춤, 언어 교실에 아이를 보내는 부모가 많지만 효과는 없습니다. 유치원 이전에 이런 교육을 실시하면 효과는 없습니다. 아이들이 단추 수를 세면서 숫자 세는 법을 배우지 교사의 강의를 듣고 배우지 않습니다.

'Baby Sign'이라는 책을 쓴 린다 아크레돌로는 아이들의 흥미를 끌려면 교실에서 공부시키기보다 스스로 해보는 간단한 탐구와 발견이 더 효과적일 수 있다고 말합니다. 그런 과정을 통해 아기는 정보를 처리하는 방법을 배우게 됩니다. 앞마당에서 나뭇잎을 만져 보게 한다든지, 동물원에 데려간다든지, 야외 콘서트를(짧게) 들려 준다든지, 땅을 파고 벌레를 꺼내게 한다든지, 해변에서 조개와 바다생물을 잡게 하십시오. 아이가 부엌에서 냄비와 팬을 두드려보게 하고 혼자 셔츠를 입게 하십시오. 어른처럼 다양한 경험을 할 필요가 있다고 말합니다. 그러나 아이를 혼자 방치하거나 너무 많은 자극을 줘도 안 됩니다. 그렇다면 어느 정도가 적당할까요? 전문가는 '아이들은 자극을 받아들이는 데 한계가 있는데 그것은 아이의 성격에 달렸다'고 말합니다.

> 좋은 체험도 중요하지만 아이에게서 낮잠을 뺏어서는 안 된다고 합니다. 잠이 부족하면 체내 면역 글로블린A 수치가 떨어져 면역체계 작동에 이상이 생긴다는 것입니다. 피곤한 아이는 병에 잘 걸립니다. 5살 이전에 신체를 발달시키려 아이를 체조교실이나 수영 강습을 보낼 필요는 없습니다.

공부 잘하는 아이로 키우고 싶다면 어릴 때부터 좋은 습관을 들여놓는 쪽이 좋습니다. 부모가 책 읽는 습관을 아이에게 보이고, 아주 어릴 때부터 아이를 도서관에 데려가면 아이가 책에 관해 알게 됩니다. 그리고 아이가 아무리 어리더라도 책을 읽어주는 것이 중요합니다.

아기에게 천이나 합성수지로 만든 책을 잡아보게 만들어 '독서'는 긍정적인 행위임을 알려주어야 합니다. 제가 매번 미국 도서관에서도 느낀 것인데 얼마 전 호주 멜버른 박물관에 가보니 부모가 생후 3년 된 딸과 함께 책을 읽고 있었습니다. 아이가 책 읽는 법을 배우느냐? 그건 절대 아닙니다. 그러나 이것은 일종의 상호작용을 하는 '행위'라고 말할 수 있다는 것입니다. 부모들이 '몇 살부터 아기가 책을 접하게 해야 하느냐'고 묻자 전문가는 '2~3년부터'라고 말합니다. 학습 습관에 책이 매우 중요한 역할을 한다는 데는 전문가들은 동의합니다.

아이가 학습을 잘할 때는 자신이 사랑받는다고 느낄 때입니다. 그래서 아기 교육효과를 높이려고 어릴 때부터 자주 안아주는 것인지도 모릅니다. 아이는 사랑받고 있을 때 아이의 자존감도 생깁니다. 아이들이 주변 세계와 그 세계에서 자신의 존재를 긍정적으로 받아들이도록 해야 합니다'. 아이에게는 부모가 옆에서 책 읽어주고 놀아주는 것이 최고'입니다. 그렇게 하면 아이뿐 아니라 부모도 행복해집니다.

전문가들은 'IQ를 좌우하는 요인은 독서다. 유전자 다음으로 중요한 요소는 어떤 책을 읽느냐가 아니고 얼마나 읽느냐가 중요하다'라고 말합니다. '아이들의 독서량에 영향을 주는 최대요인은 어릴 때 옆에서 아이에게 얼마나 많은 책을 읽어주었느냐'입니다. 아인슈타인은 "머리 좋은 아이로 키우고 싶으면 동화를 읽어줘라. 더 머리 좋은 아이로 키우고 싶으면 더 많은 동화를 읽어주라"고 말합니다. 부모가 무릎에 앉혀 놓고 책을 읽어주고 질문도 하면 아이들은 이야기의 내용을 상상력으로 머릿속에 그려보게 된다."라는 것입니다.

참고로 유대인 부모는 자녀가 어렸을 때부터 구약성서와 탈무드에 나오는 설화를 반복해서 들려준다. 그리고 설화에 등장하는 인물과 동물들의 행동에 대해서 어떻게 생각하는지 자녀에게 묻는다. 자녀가 대답을 하면 왜 그렇게 생각하는지 부모는 또다시 질문한다. 그러면 아이는 스스로 대답을 찾아내려고 열심히 생각을 한다. 아이들의 사고력은 커져간다. 부모와 같이 책 읽고, 질문 토론을 통해서 자라나기 때문이란다.

이어서 연령별 두뇌 발달에 따른 학습법(태어나서 3세까지, 3세에서 6세까지, 6세에서 12세까지)이 열거되어 있다. 여기에선 지면상 생략한다. 그러나 독자에게 유익한 정보이다.

참고로 왜 유대인은 지적 생산능력이 뛰어날까?

유대인들이 모이면 토론이 시작된다. 유대인들은 토론과 논쟁을 좋아하기 때문이다. 유대인에게 의견 차이는 당연한 일이다. 유대인들은 이론과 반론을 대환영한다. 토론은 일종의 예술이고, 토론과 논쟁은 대뇌를 단련시켜 두뇌를 좋게 만드는 'Wisdom(지식)'의 원천이라고 생각한다. 유대교의 본질을 한마디로 정의하면 "debating"(토론)이다. 바로 유대인들의 지적생산능력이 뛰어난 이

유이며 유대인이 '토론하고 사고하는 민족', 더욱더 자세하게 말하면 '왜?'('Why) 그럼 어떻게'를 철저하게 생각하는 민족인 것이다.

토론은 대부분 구약성서와 탈무드에 관한 내용으로 이루어진다. 구약성경(토라)는 3000년 전에 쓰였음에도 지금까지 세계 베스트셀러 1위 자리를 놓치지 않는다. 탈무드는 주로 바빌로니아에서 전해 내려오는 구전과 율법과 히브리 학자들의 토론을 집대성한 책으로, 일상생활의 여러 가지 규범과 그것에 관한 토론의 내용이 자세히 적혀 있다. 약 1500년 전에 지금의 모습으로 완성되었다고 한다(지금도 지속적으로 증보되고 있다). 성실한 유대인은 구약성서와 탈무드를 매일같이 공부하고 있으며, 어디에 어떤 내용이 쓰여 있는지를 대부분 기억한다. 그런 까닭에 식사를 위해 모인 장소에서는 항상 토론이 시작된다. 대부분 경전내용을 전재로 토론이 진행되기 때문에 경전 지식이 없는 사람은 전혀 토론에 참여할 수가 없다.

유대인은 엄숙한 습관처럼 매주 토요일 안식일에 경전〈구약성경, 탈무드〉을 읽는다. 그들은 경전 전체를 54회로 나누어 52주(1년) 동안 읽는다. 그 주에 경전 어디 부분을 읽을지 미리 정하는데, 그것을 '파라샤'라고 부른다. 파라샤는 세계 공통으로 진행되고 있으며, 전체 유대인들은 그 주에 경전의 같은 부분을 읽고 토론하는 것이다.

세계 일류대학인 옥스퍼드 대학과 케임브리지 대학에서는 튜터링 수업 방식을 시행하고 있다. 튜터링이란 교실에서 교수와 학생 한 두 명이 한시간 반 동안 토론을 벌이는 사고력 수업이다. 즉 사고력은 토론 훈련으로 단련된다고 할 수 있다. 토론 훈련을 많이 할수록 사고력은 높아진다. 따라서 "토론을 벌이지 않는 나라는 쇠퇴한다. 토론을 벌이지 않는 나라에서 혁신은 일어나지 않는다. 토론을 하지 않는 나라는 진보하지 않는다." 전 세계적으로 유대인이 뛰어난 사고력을 자랑하는 이유는, 바로 세계에서 가장 토론을 좋아하는 민족이기 때문이다.

성공원칙 일부 소개
[PRINCIPLES FOR SUCCESS by RAY DALIO에서 인용]

왜 원칙이 중요한가?

인생이라는 여정을 헤쳐 나가기 위해 당신에게 가장 필요한 것은 훌륭한 원칙이다. 원칙은 당신이 앞으로 마주치게 될 현실에 성공적으로 대응하는 방법이자 성공을 위해 반드시 필요한 처방전과 같다. 성공한 사람들은 모두 그들을 성공으로 이끈 원칙을 가지고 있다. 나는 내 경험을 통해 수많은 원칙을 만들었고, 이것을 다양한 책들을 통해 사람들에게 전하고 있다.

제일 먼저 당신을 꼼짝 못 하게 가두는 주변 환경에 좌우되는 인생을 살고 싶지 않다면 스스로 무엇을 할 것인지 결정하고 그것을 실천에 옮길 용기가 있어야 한다. 이것은 가장 중요한 첫 번째 나의 원칙으로 나를 이끌어주었다.

이런 원칙들은 내가 가진 능력보다 내 성공에 더 중요한 역할을 했다. 또한 이미 수많은 사람에게 도움이 되었고, 이 책을 읽고 있는 당신에게도 도움이 될 것이 분명하다. 그래서 나는 이 책을 통해 성공에 반드시 필요한 원칙들을 공유하려고 한다. 부디 당신이 스스로 나의 원칙들을 평가해 보고 자신에게 가장 도움이 되는 '당신만의 원칙'을 찾을 수 있기를 바란다.

『성공원칙 PRINCIPLES』 저자 레이 달리오는 이 시대 인생철학과 투자개념 등 '212개의 성공원칙'을 만들어 성공한 투자자이자 기업가다.
1975년 방 두 개짜리 아파트에서 브리지워터 어소시에이츠를 설립해 40년 만에 세계 최대 규모의 헤지펀드로 성장시켰다. 그는 타임스지가 선정한 세계에서 가장 영향력 있는 100대 인물에 선정됐을 뿐만 아니라 포춘이 선정한 세계 100대 부자에 이름을 올렸다.)

당신만의 원칙을 만들어라

일생 동안 당신은 결정을 내려야만 하는 수많은 현실에 부딪히게 될 것이다. 그리고 어떤 결정을 내리느냐가 당신 삶의 질을 결정하게 될 것이다. 좋은 결정은 당신에게 좋은 결과를 선물하고, 나쁜 결정은 당신을 곤란하게 만들거나 손해를 끼칠 것이다. 당신이 현명한 사람이라면 이런 다양한 경험을 통해 현실이 어떤 원리로 움직이는지 알게 되고, 그런 현실에 현명하게 대처하는 원칙을 배우게 될 것이다.

나도 처음부터 원칙을 가지고 있지는 않았다. 주로 실수를
저지르고 실수에 대해 깊이 성찰하는 과정을 통해 평생에 걸
쳐 나만의 원칙을 만들었을 뿐이다. 어렸을 때부터 나는 내
가 원하는 것들을 쫓아 달렸고, 넘어졌다. 하지만 일어나서
다시 달렸다. 그리고 다시 넘어졌다. 나는 넘어질 때마다 무
엇인가를 배웠다. 그리고 더 좋아졌다. 그리고 덜 넘어졌다.
나는 이런 일을 계속 반복하면서 그 과정을 즐기게 됐다. 심
지어 넘어지는 것조차 좋아하게 됐다. 나는 잘 해결할 수만
있다면 인생의 갖가지 문제들을 보석 같은 귀중한 보상을 가
져오는 퀴즈처럼 생각할 수 있다는 사실도 배우게 됐다.

여기서 문제는 "다음에 이런 상황을 만나면 무엇을 해야 하는
가?"였고, 이를 해결하고 내가 받은 귀중한 보상은 미래의 나에게
도움이 될 '원칙'이었다. 이것이 내가 '나만의 원칙'들을 만든 방법
이다. 나는 이런 원칙들을 적어두고 천천히 하나씩 고쳐나갔다. 분
명 당신도 할 수 있다. 이런 과정을 통해 나는 나의 가장 기본적인
원칙을 또 하나 얻게 됐다. "훌륭한 결정을 내리기 위해서는 무엇
이 진실인지 아는 것이 가장 중요하다."

무엇이 진실인지 안다는 것은 현실이 어떻게 돌아가는지를 안다
는 의미이다. 성공하기 위해 지켜야 하는 자연의 법칙을 만든 것은

사람이 아니다. 하지만 자연의 법칙을 깨닫는다면, 우리는 목표를 달성하기 위해 이것을 활용할 수 있다. 이 사실이 나를 극사실주의자로 만들었다. 극사실주의자는 현실을 있는 그대로 받아들이고 현실과 함께 살아가는 사람이다. 현실이 지금과 다르면 좋겠다고 바라거나 현실이 맘에 들지 않는다며 불평하는 사람들이 아니다. 이것이 나를 세 번째 원칙으로 이끌었다. '꿈 + 현실 + 결단력 = 성공적 인생'이라는 공식이다. 다시 말해 당신의 꿈을 성취하는 데 집중하고, 당신에게 영향을 미치는 현실과 그 현실에 잘 대처하는 방법을 바로 이해하며 결단력을 가지고 대응한다면, 당신은 성공적인 인생을 살아가는 원칙을 배우게 될 것이다.

그렇다면 무엇이 성공적인 인생일까?

우리는 스스로 성공적인 인생이 어떤 것인지를 결정해야 한다. 나는 당신이 크게 성공한 기업가가 되고 싶다거나, 야자수 아래에서 여유롭게 살고 싶거나, 그 밖에 다른 어떤 것을 하고 싶어 하는 알고 싶지 않다. 정말로 관심이 없다. 당신이 무엇을 원할지는 오로지 당신 몫이다. 나는 단지 당신이 행복하고 건강하기를 바라고 긍정적인 방향으로 크게 발전하기를 원한다. 하지만 어떤 길을 선택하든 당신은 현실을 수용해야 한다. 특히 사실이 아니었으면 좋겠다고 생각하는 현실까지도 받아들여야 한다.

처음에는 나도 나의 약점, 실수, 문제들이 큰 고통으로 다가왔다. 내게는 그런 문제들이 없기를 바랐기 때문이다. 하지만 시간이 흐른 후, 나는 이런 고통들이 현실에 대처하는 방법에 관해 깊이 생각하라는 신호임을 알게 되었다. 그리고 나는 '고통 + 성찰 = 발전'이라는 공식을 배웠다. 이런 사실을 발견함으로써 나는 다음과 같은 5단계를 실천하면 성공할 수 있다는 것을 알게 되었다.

- 1단계 : 목표(Goals)

당신의 목표를 알고 그 목표를 추구하는 단계다. 당신이 원하는 것을 대부분 가질 수 있지만 그렇다고 원하는 모든 것을 성취할 수는 없다. 그래서 당신이 원하는 것들에 대한 우선순위를 결정해야만 한다. 당신에게 무엇이 최선인지는 당신의 열정, 당신의 장점과 약점에 따라 다르다. 따라서 당신은 자신을 정말로 잘 이해하고, 당신의 목표를 당신이 결정할 인생의 방향이나 경로와 일치시키는 방법을 알고 있어야 한다. 언제나 당신이 선택할 수 있는 훌륭한 방법은 있게 마련이다. 당신은 깊이 성찰하고, 시행착오를 통해 교훈을 배우거나, 목표를 향해 끝까지 밀고 나가는 결단력을 통해 이런 방법을 찾아야 한다.

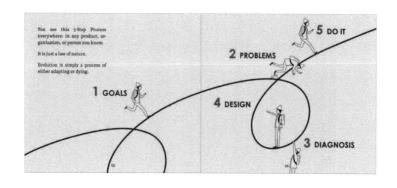

- 2단계 : 문제(Problems)

목표를 달성하는 과정에서 방해가 되는 문제들을 찾아내는 단계
다. 문제는 늘 발생한다. 그리고 일반적으로 문제들은 고통스럽다.
발전하려면 문제를 찾아낸 다음 안일하게 넘겨서는 안 된다.

- 3단계 : 진단(Diagnosis)

근본적인 원인을 찾아내기 위해 이런 문제들을 진단하는 단계다.
때때로 당신이나 다른 사람들의 약점이 문제의 원인이 되는 경우가
있으므로, 이 가능성도 고려해야만 한다. 당신은 이런 발전 과정을
통해 자신이 잘하지 못하는 것이 무엇인지, 그리고 무엇을 바꾸어
야 하는지를 배우게 된다. 그리고 그것이 무엇이든 당신은 문제점
을 알아내고 극복해야만 한다.

- 4단계 : 계획(Design)

당신의 발전을 가로막고 있는 문제를 극복하기 위한 계획을 세우는 단계다.

5단계 : 실행(Do it)

앞선 계획을 실행하기 위해 스스로를 채찍질하면서 필요한 일들을 해나가는 단계다.

성공적인 인생은 이 5단계를 계속해서 반복하는 과정이다. 5단계 과정을 열심히 수행하다 보면 자연히 각종 우여곡절을 만나게 되고, 당신은 이를 해결하는 과정을 통해 더 높은 수준의 성공을 가능하게 하는 개인적 발전을 경험하게 될 것이다. 나에게 있어 발전은 아래 그림과 같은 모습이다.

(중략)

우리는 매일 수많은 일을 처리하면서 바쁘게 살아간다. 나는 많은 일들이 한꺼번에 다가오고 있다고 생각하는 대신, 내게 다가오는 각각의 사건들을 그 많은 일들 가운데 하나라고 생각하기로 했다. 그리고 이런 것들을 지배하는 인과관계를 찾아내 그에 대응하는 원칙들을 만들었으며, 그 원칙들을 글로 표현하고 컴퓨터 프로그램도 만들었다. 그리고 위험과 보상 사이에 균형을 유지하는 어려운 문제에 관해 생각하면서 위험과 보상은 기본적으로 함께 한다는 사실도 깨달았다. '더 많은 위험을 감수할수록 더 많은 것을 얻을 수 있다.' 따라서 최고의 인생을 살아가려면 위험과 보상 사이에 적절한 균형을 유지하는 방법을 알아야 한다.

인생 정글에서 당신은 어떤 선택을 할 것인가?

당신이 다음과 같은 선택에 직면해 있다고 상상해보라. 지금 있는 곳에 그대로 있으면 당신은 안전하고 평범한 삶을 살 수 있다. 그런데 위험한 정글을 무사히 건너가면 매우 멋진 삶을 살 수 있다. 당신은 어떤 선택을 할 것인가?

나는 어떤 선택이 당신에게 최선인지 알려줄 수 없다. 우리는 각자 스스로 결정해야 한다. 내 경우에는 가능한 최고의 인생을 살고 싶었고 그래서 커다란 보상을 얻기 위해 커다란 위험을 성공적으로 헤쳐 나가는 법을 찾아야만 했다. 정글을 통과하기 위해 나는 혼자 볼 수 있는 것보다 더 많은 것을 볼 수 있어야 했다. 하지만 모든 사람이 부딪치는 가장 큰 두 개의 장애물이 내 앞을 가로막고 있었다. "우리의 '자아'와 '사각지대'라는 장벽이다."

> '자아'는 스스로의 약점을 인정하는 것을 방해한다. 올바르고 싶은 욕망은 무엇이 진실인지 알고 싶은 욕망보다 앞선다.

그래서 우리는 자신의 의견을 검증하지 않고 옳다고 믿는다. 우리는 특히 자신의 잘못과 약점을 보고 싶어 하지 않는다. 약점과 실수에 관해 탐구하는 것을 본능적으로 공격이라고 받아들이는 것이다. 이런 행동은 더 나쁜 결정으로 이어지고 더 많은 것을 배우지 못하도록 만들며 우리의 잠재력을 발휘하지 못하게 한다.

'사각지대'는 사람들이 각자 서로 다른 방식으로 사물을 보기 때문에 존재한다. 누구도 혼자서 주변에 있는 모든 위험과 기회를 볼 수는 없다. 당신이 보지 못하는 것을 볼 수 있는 사람들의 도움을 받는다면, 당신은 혼자 볼 수 있는 것보다 훨씬 더 많은 것들을 볼 수 있다.

인생이라는 정글에서 위험과 기회를 성공적으로 찾아내려면 나는 이런 방법이 반드시 필요하다는 것을 알게 됐다. 목표를 달성하기 위해 나는 내가 옳다는 즐거움보다 무엇이 진실인지를 배우는 즐거움을 선택했다. 그래서 나는 나와 의견이 다르고, 아주 사려 깊은 사람들을 찾았다. 나는 그들의 눈을 통해 사물을 보고, 그들은 나의 눈을 통해 사물을 봤다. 덕분에 우리 모두는 무엇이 진실인지 찾아내고, 그에 대응하는 방법을 발견할 수 있었다. 그리고 나는 그들 사이에서 '사려 깊은 반대의 기술'도 배우고 싶었다. 단지 나만의 시각으로 사물을 보다가 이런 사려 깊은 사람들의 시각으로 사물을 보는 것은 마치 흑백으로 사물을 보다 컬러로 사물을 보는 것과 같았다. 세상이 환하게 빛났다. 바로 그 순간, 나는 인생이라는 정글을 헤쳐 나가는 가장 좋은 방법은 나와 다른 시각으로 사물을 보는 통찰력 있는 사람들과 함께 하는 것이라는 사실을 깨달았다.

(중략)

자, 5단계 과정을 기억하라. 모든 사람이 이 과정을 성공적으로 마칠 수 있는 것이 아니다. 하지만 당신은 당신이 볼 수 없고 할 수 없는 것들을 다른 사람들에게 도움받을 수 있다. 당신은 자신이 직접 올바른 답을 찾겠다는 집착을 버려야 한다. 그리고 다른 사람들의 의견에 개방적이어야 한다. 이런 개방적 사고는 나의 의사 결정 과정을 크게 발전시켰다. 나는 또 서로에게 근본적으로 진실하고 극단적으로 투명할 수 있는 사람들과 함께 임무를 수행하는 것보다 더 좋은 것이 없다는 사실도 배웠다.

근본적인 진실과 극단적인 투명성을 통해 나는 놀랄만한 성공을 거두는 아이디어 성과주의 회사를 만들었다. 아이디어 성과주의는 모든 사람으로부터 최고의 능력을 이끌어낼 수 있다. 또한, 아이디어 성과주의에는 독립적인 사고를 환영하고, 최고의 결과를 위해 서로의 견해 차이를 극복하는 효율적인 과정이다.

나는 다른 성공한 사람들과 만났을 때 그들의 인생도 나와 비슷하다는 사실을 발견했다. 성공한 사람들은 모두 어려움을 극복해왔고, 그들이 보지 못하는 위험과 기회를 보는 사람들과 함께 일하는 방식으로 자신들의 약점을 극복한다. 성공을 위한 노력은 당신을 고통의 나락으로 떨어트릴 것이다. 그리고 좌절은 당신을 시험에 들게 한다. 실패와 절망은 사람들을 선별한다. 어떤 사람들은 무엇이 실패를 불러왔는지를 깊이 생각하고 귀중한 교훈을 얻는다. 반면 어떤 사람들은 자신에게 어울리지 않는 일이라 생각하고 도망친다.

시간이 지나면서 나는 훨씬 더 놀라운 사실을 발견했다. 성공은 목표를 달성하고 못 하고의 문제가 아니었다. 우리가 성취하려고 그렇게 노력했던 것들은 단지 미끼에 불과했다. 좋아하는 사람들과 함께 목표를 성취하려는 노력 자체가 개인의 발전과 의미 있는 관계를 가져다준다. 그리고 이것이 우리가 받게 되는 진정한 보상이다.

나는 더 이상 보상을 얻기 위해 정글의 반대편으로 가고 싶지 않았다. 대신 정글에 머물면서 내가 좋아하는 사람들과 성공하기 위해 치열하게 노력하고 싶었다. 시간이 지나면서 임무를 성공적으로 끝내는 것과 다른 사람들의 행복이 나 자신의 성공보다 더 중요해졌다. 그리고 나는 내 인생의 원호(arc)와 내 인생 너머의 사람들에 대해 생각하기 시작했다. 이런 행동은 내가 다른 사람들이 나보다 더 성공하기를 바라게 만들었다. 이것이 현재 내가 속한 인생의 단계고, 성공을 위한 원칙들을 당신에게 전해주는 이유다.

> 내 인생을 돌이켜보니 우리는 모두 더 큰 진화 과정의 일부
> 가 될 때까지 인생의 다양한 시점에서 다양한 일들과 계속
> 투쟁하고 있다는 사실을 알게 됐다. 모든 기계 장치들은 언
> 젠가 고장이 나고 그 부품들은 새로운 기계 장치의 부품이
> 돼 다시 시스템의 일부로 되돌아간다. 우리는 기계 장치에
> 애착을 가지게 되었기 때문에 이것이 우리를 가끔씩 슬프게
> 만든다. 하지만 더 높은 수준에서 내려다보면 진화라는 기계
> 장치가 어떻게 작동하는지를 관찰하는 것은 매우 아름다운
> 일이다.

이 시점에서 나는 당신과 모험으로 가득한 당신의 인생이 정말 궁금하다. 내가 지금까지 설명한 이런 원칙들이 어디에서 어떻게 만들어졌는지에 관해서는 잊어라. 단지 나의 원칙들이 당신에게 도움이 되는 스스로에게 물어보고 당신의 필요에 맞게 개선하고 발전시켜라. 그리고 반드시 당신만의 원칙을 찾고, 기록하고, 당신과 더불어 발전시켜 나가라. 당신이 무엇을 할 것인지를 결정하는 데 도움이 되고 그 결정을 실행하는 용기를 줄 수 있는, 자신만의 훌륭한 원칙을 가지고 살아가는 것이 내가 당신에게 바라는 유일한 바람이다. 건투를 빈다.

부자가 되려면
학교 공부는 어떻게 해야 하는가?
[답을 '세미노의 가르침'에서 일부 인용했다.]

예전에 미국 경제 잡지 포브스가 발표한 내용을 보면 세계 400대 거부 가운데 58명은 대학을 가지 않았거나 중퇴했다. 그러나 이들의 재력은 평균 48억 달러로 전체 평균 18억보다 훨씬 더 많았으며, 미국 동부의 사립 명문대 아이비리그 출신자들보다 평균 2배 더 많았다. 즉 학력이 좋지 않은 사람들이 돈은 더 많이 벌었다는 말이다. 실제로 유명한 자수성가형 부자들을 보면 학력이 좋은 사람이 드물다. 국내 재벌 1세들도 그렇다.

재미있는 것은 학력과 학벌이 화려한 사람들이 들어가고자 애쓰는 회사들이 대부분 학력이 짧은 사람들이 만든 회사라는 점이다. 이 사실은 부자가 되려면 학교 공부를 하지 말라는 뜻일까? 헛소리하지 말라. 특출한 능력과 노력이 따로 없는 한 학교 공부를 너무 안 하면 아예 기회가 박탈되어 실업자가 될 가능성이 확률적으로는 더 높다(초등학교도 제대로 다니지 못했던 에디슨은 학교 무용론을 직접 실천하고자 자기 아들을 학교에 보내지 않았는데 그 아들은 나중에 사기꾼이 되어 감옥살이도 하였고 평생 비참하게 살았다).

어쨌든 부모들이 자녀에게 공부하라고 닦달하는 이유는 단순하다. 일반적인 봉급생활자보다 돈을 더 잘 버는 전문 직업을 가지려면 갖가지 자격시험을 잘 치러야 하므로 공부를 잘해야 하고, 좋다는 직장 역시 좋은 학교를 나와야 들어갈 수 있기 때문이다. 물론 학교 공부 자체를 잘한다고 해서 또는 오래 공부하였다고 해서 경제적 수입이 언제나 정비례하는 것은 전혀 아니다(고학력자들이 종종 그런 오해에 빠져 있다). 가르치는 일이나 연구로 밥 먹고 사는 선생, 교수, 연구원 같은 사람들을 제외한다면 학교 공부 자체는 돈을 버는 게임을 수행하는 것과는 다르며, 상관관계도 크지 않다고 한다.

물론 학교 교육에 그 어떤 문제가 있다고 할지라도 '공부를 대단히 잘하는' 사람들에게는 나름대로 성공과 부를 잡을 수 있는 길이 분명히 존재한다. 아니, 부자가 되지는 못할 수 있어도 적어도 가난에서 분명하게 탈출할 수는 있다.

첫째, 이 사회로부터 기회를 얻느냐 못 얻느냐 하는 갈림길의 방향이 일단은 학력과 학벌에 의하여 결정되기 때문이다. 일을 배워

독립을 하려면 우선 어떤 조직이나 정보 공유 집단 속에 들어가야 하는데, 학력이 너무 낮으면 그 문턱에 접근조차 하지 못하는 경우가 허다하다. 초등학교만 나온 어떤 사람이 고생 끝에 거대한 전기 회사를 설립하였고 사원모집 광고를 냈다. 초등학교만 나온 다른 사람이 사장 역시 초등학교만 나왔다는 사실에 용기를 얻어 그 회사에 입사 지원 원서를 냈다. 하지만 서류에서 불합격 처리되었다. 이에 화가 난 그는 회사 사장을 방문하여 항의하였다. "저는 초등학교만 나왔습니다. 사장님도 그렇지 않습니까?" 사장은 이렇게 말하였다. "나는 초등학교만 나온 사람을 무시하는 것이 아니다. 나는 사람의 능력이 학력과 비례한다고는 생각하지 않는다. 그러나 당신에게 능력이 있는지 없는지, 당신이 에디슨인지 아닌지를 판가름하고 기다릴 시간이 나에게는 없다. 시간을 절약하기 위하여 결국 우리는 일차적으로 검증된 사람을 채용할 수밖에 없다."

한국에서만 이런 것이 아니다. 전 세계 어디서나 일류 대학을 나오면 이른바 좋은 직장을 얻을 수 있다. 기득권 사회에서 학벌을 중시하는 이유는 그것 말고는 일을 잘할 수 있는지의 여부를 판가름할 방법이 없기 때문이다. 다시 한번 강조한다. 학교 교육을 무시한다면 사회로부터 일을 배울 수 있는 기회가 주어지지 않아 확률적으로는 실업자가 될 가능성이 더 크다.

그러나 명심하여라. '학교에서 뭔가 배우지 못했기 때문에 무식해서' 기회를 놓치게 되는 것이 절대 아니고 '학벌과 학력 이외에는 달리 사람을 판 가름할 만한 방법이 없다 보니' 기회를 놓치게 된다는 것을 말이다. 한때 여러 회사에서 신입 사원을 능력만 보고 채용하겠노라고 선언하였지만 도대체 그 능력이란 것은 일을 시켜보지 않으면 알 수가 없기에 결국은 다시 학력과 학벌을 보는 쪽으로 되돌아갔다는 점도 기억하여라.

둘째, '일류대' 졸업자가 되면 일단은 고졸자보다 인건비를 더 많이 받을 수 있는 기회가 주어진다. 예를 들어 보자. 막노동꾼이었던 장승수. 그는 어려운 가정에서 태어나 일찌감치 대학을 포기하고 술집과 당구장을 오토바이로 누비며 싸움꾼으로 고교 시절을 보냈다. 키 160센티미터, 몸무게 52킬로그램의 왜소한 체격으로 포크레인 조수, 오락실 홀맨, 가스와 물수건 배달, 택시 기사, 공사장 막노동꾼 등 여러 가지 직업을 전전하면서 대학에 여러 번 도전하였으나 계속 실패하다가 결국 IQ 113의 보통 머리와 내신 5등급의 낮은 성적으로 서울대학에 수석으로 들어갔다. 오래전 그가 쓴 책 제목이 〈공부가 가장 쉬웠어요〉(중고등학교 학생들은 읽어라)이다. 지금은 이미 대학을 졸업하고 사법고시에 합격하였다고 하므로 그가 적어도 예전보다는 많은 보수를 받는 일을 할 기회를 쥐게 될 것임은 분명하다.

> 미국에서도 매사추세츠공과대 MIT 프랭크 레비 교수의 연구
> 결과에 따르면, 25~34세의 남성 노동자 중 대졸자와 고졸자
> 간 소득격차는 98년 50%로 벌어졌다. 기업과 공장이 자동화
> 되면서 오히려 대졸자 선호 현상 이 20년 전의 20%에서
> 30%에 가깝도록 늘어나고 있다(단, 여기서 명심하여야 할
> 것이 있다. 여기서 언급된 대졸자들은 일류대 졸업자들이다.)

셋째, 공부를 잘한 사람들은 그들이 배웠던 것들이 쓸모가 있건
없건 간에 적어도 학습 능력만큼은 인정받는다. 학벌과 학력이 화
려하면 집단 내에서 지위를 획득하는 데도 유리하다. 내 경영 경험
에 비추어 보더라도 하버드나 스탠퍼드 출신의 경영학석사(MBA)들
은 정말 똑똑했다. 그들이 좋은 학교에서 배웠기에 똑똑해졌다는
말은 아니다. 똑똑했기에 좋은 학교에 갈 수 있었고 바로 그 사실
때문에 학벌이 사람을 가늠하는 척도가 된다. 기억해라. 일자리를
주는 집단에서의 일차적 잣대는 학력과 학벌이다. 가난에서 탈출하
여 경제적으로 잘살고 싶고 '공부에 소질이 있으면' 반드시 일류대
에 들어가 '돈과 관련된 분야를 공부하고, '환경이 허락한다면 공부
를 더욱더 오래 많이 해서' 그 분야에서 최고의 학력과 학벌을 갖
추어라.

공부에는 두 가지 종류가 있다. 학력이라는 말로 표현될 수 있는 교육제도권 내에서의 공부와 능력이라는 말로 표현될 수 있는 제도권 밖에서의 공부가 그것이다. 나는 제도권 밖, 즉 사회에서 여러 책들을 보며 하는 돈 버는 공부를 해야 한다고 대단히 강조하는 사람이다. 자신의 재능을 계발하고 돈버는 학습도 집중적으로 할 수 있기 때문이다. 제도권 내에서의 공부와 관련하여 말한다면, 학교 공부를 '아주 잘하면' 부자가 될 기회의 첫 단추가 주어진다. 그렇다면 제도권 내에서 공부를 '오래 하는 것', 즉 대학을 졸업하고 대학원을 마치거나 박사학위까지 얻는 고학력은 부자가 되는 데 얼마나 도움이 될까?

> 먼저 대학의 경우를 살펴보자. 대학을 나오면 고졸자보다 취직하는 데 유리하고 전반적으로 더 많은 임금을 받을 수 있다. 하지만 주로 일류대 출신들이 그렇다는 말이고 전체적으로 따진다면 예외도 꽤 많다. 예를 들어 미국 포브스지는 미국 전체 대졸자 중 21%는 고졸자보다도 평균 수입이 적다고 하였다. 즉 미국 대졸자의 적어도 21%는 대학을 가지 않고 차라리 그 돈으로 연 5% 이율의 채권에 투자하였다면 50번째 생일에 50만 달러를 받을 수 있는데, 이 금액은 대부분의 대졸자는 평생 만져보지도 못할 돈이라는 것이다.

한국에서도 경제적 시간적 투자 측면에서 볼 때 대학을 안 가는 것이 오히려 좋을 사람들이 부모의 강압에 못 이겨, 또는 자존심이나 얼어 죽을 체면 비슷한 것 때문에, 또는 대학에 가면 뭐 특별한 것이라도 배우게 되는 줄로 오해하여, 또는 달리 할 일이 없어서, 혹은 사회적 분위기 때문에(아마도 이게 가장 클 것 같다), 기 쓰고 대학을 가는 경우를 나는 종종 본다. 미국의 통계 수치를 적용한다면 한국의 대학생 5명 중 1명은 길을 잘못 든 셈이 되는데 한국 사회에서 현실적으로 느끼기에는 그보다 더 많으면 많았지 적지는 않을 것 같다.

　대학원의 경우는 어떨까? 대학원에 가는 사람들 중에는 취직이 안 되니까 경제 상황이 좋아질 때까지 대학원을 도피처로 삼는 경우도 있고, 막연히 대학원을 나오면 뭔가 더 유리한 고지에 서지 않을까 하는 생각으로 가는 경우도 있으며, 직장을 다니다가 뭔가 잘 안 풀리기에 대학원을 탈출구로 생각하면서 진학하는 사람도 있다. 과연 대학원을 졸업하는 것은 경제적으로 유망한 투자일까? 여기서 먼저 알아야 할 사실은, 제도권 내에서의 공부를 가장 장려하면서 학력 인플레이션을 부추기는 사람들은 바로 대학의 교수들이라는 점이다.

　　• 인문대에서 배우는 것들이 너무 좋아서 박사학위까지 받

으려고 한다면 학위취득 후에는 결코 안정적이라고는 할 수 없는 강사 자리 하나 얻는 것조차 만만치 않을 것이며 아주 특별한 경우가 아니라면 경제 시장에 자신이 내다 팔 수 있는 것은 전혀 없다는 사실을 기억해라.

• 정부의 연구지원자금을 받아 만들어진 이공계 대학원의 일부 자료들 수준을 볼 때 나는 지금의 한국 대학 및 대학원들에 커다란 거품이 끼어 있다고 생각한다. 연구 과제비에 매달려 사는 교수들의 모습은 전 세계 도처에서 찾아볼 수 있다.

미국의 종합 시사주간지인 '유에스 뉴스 앤드 월드 리포트US NEWS & WORLD REPORT'에 실렸던 21세기 미국의 유망 직업들을 연봉 순으로 살펴보면 다음과 같다. (2004년)

분야	유망 직업	연봉(초임/달러)
인터넷	담당. 임원	50,000~250,000
의료	의사 · 성형 · 치과의	104,000
법률	기업법률전문가	82,000
공학	엔지니어	55,500
보건	의료보조사	52,750
경영	생산 · 물류 전문가	50,000

개인서비스	생활관리사	40,000
세일즈	전자 · 자동차	38,400
사회복지	비애치료사	35,000
교육	수학 · 과학 교사	33,000~35,000
인사 · 회계 · .환경	전문가 · 평가사	30,000~37,000
자영업	트럭 운전사	25,000~35,000

사람들은 유망 직종에 관심이 많으며 자격증이나 면허 취득에 열을 올린다. 실제로 이 미국 잡지에 실린 21세기 유망 직업의 상당수는 자격증을 가져야 될 수 있는 것들이다. 하지만 21세기 유망 직업 중 가장 고액의 연봉을 받는 인터넷 담당 임원이 되는 데는 아무런 자격증도 요구되지 않는다. 기업의 최고경영자 CEO가 되는 데에도 자격증은 요구되지 않는다. 사장이 되는 데 무슨 자격시험을 치를 필요는 없다. 그 어느 백만장자나 재벌이 자격증을 갖고 있다는 말도 들은 바 없다. 나는 자격증이 당신의 연봉을 제한하고 당신이 부자가 되는 길에서 발목을 잡는 족쇄가 될 수도 있다고 생각한다.

앞의 글은 2004년경에 올린 글이며 그로부터 15년이 넘은 현재의 상황에서 공대, 의대, 법대 출신자들의 상황을 살펴보아라. 의사인 경우 개업 비용이 만만치 않으며 봉직의(흔히 페이닥터라고 한다)인 경우 경력에 따라 월 1천~2천만 원 정도 받게 되는데 서울 인근보다는 지방이 더 많이 받지만 지방에서의 생활비는 개인 부담이다. 변호사의 수입은 평균적으로 그보다 더 낮아졌다. 삼성전자나 하이닉스의 경우는 평균연봉이 1억 2천을 넘으며 30대 초반에 수억 원대를 받는 경우가 드물지 않다. 물론 의대의 매력이 전부 사라진 것은 전혀 아니다. 비록 주 6일 근무가 당연시되고 보험진료 기반이기에 정부 규제가 크고 의료사고 위험도 존재하지만 의사들의 수입은 같은 의대를 졸업하였다면 일등과 꼴등의 편차가 크지 않으며 여러 가지 이유로 일을 그만두었다 가도 다시 일을 할 수도 있고 개업의인 경우에는 진료과목에 따라 70세가 넘어서도 할 수 있으나 육체적 현장성이 너무 강하다. 공대나 법대인 경우에는 졸업 후 일등과 꼴등의 격차가 일을 하는 과정에서 능력에 따라 점점 더 크게 벌어진다.

인지능력을 높이는 필수 과학개념 200가지
[인지능력을 높여서 클루지 예방과 의사결정에 도움]

이것들은 독자의 인지능력을 높여 현명한 의사결정을 하도록 도와주는 필수 과학개념이다. 세계에서 가장 영향력 있는 신경과학자, 물리학자, 수학자, 뇌과학자, 사상가 166명이 말하는, 현대사회에서 가장 중요한 과학적 개념 200개를 에지재단(Edge Foundation)이 정리했다. 인지능력을 높여 클루지를 사전 예방하고 합리적인 의사결정에 도움을 주는 필수 과학 개념인 것이다.

간략히 몇 가지만 구체적으로 소개하면 다음과 같다.

1) 유효이론 | 리사 랜들(Lisa Randall)
 - 하버드대 물리학자, 『암흑 물질과 공룡』저자
사람들은 깊고 근본적인 원리까지 파고들지는 않는다. 하지만 일반적으로 딱딱한 의자에 앉을 때는 그것이 우리를 지탱해줄 것이고 우리가 숨을 들이마실 때 생존에 필요한 산소를 섭취할 수 있다고 확신한다. (잠깐 복잡한 과학이론으로 설명하자면) 궁극적으로 의자는 양자역학적 계산에 따라 양자와 중성자의 강한 힘의 역학으로 결합된 쿼크로 구성됐기 때문에 지탱해줄 수 있다. 20세기 후반까지 쿼크에 대해 아는 사람이 없었고 200년 전까지는 원자와 공기 중 산소 분자에 대해서도 몰랐다. 하지만 이것이 밝혀지기 전에도 의자에 앉고 호흡하는 데 아무 문제가 없었다.

이를 좀 더 풀어보면 우리는 실제 '유효이론(Effective Theory)' 관점에서 일하고 있다. 우리는 실제로 관찰하고 상호작용을 해본 후 측정에 일치하는 설명을 찾기 때문이다. 물리학에서 유효이론은 어떤 일정한 크기 이상에서 충분히 잘 맞는 근사 이론이다. 관측 규모에서 중요한 변수들로 관측 결과를 형식화하는 이론이다. 유효 이론은 과학의 영역을 넘어 확장된다. 실제로 세상 모든 사안에 접근하는 방식이다.

우리는 넘쳐나는 모든 정보를 동시에 계속 인지할 수 없다. 우리는 어떤 정보에 접근할 수 있고 얼마나 입수할 수 있는지에 집중해야 한다. 필요하다면 로드맵을 이용해야 한다. 고속도로를 달릴 때 주변의 모든 도로를 알 필요가 없는 것과 마찬가지다. 즉, 우리가 집중해야 할 것이 무엇인지 파악하는 과정에서 확실성이 높은 사안을 우리의 유효 영역에 넣도록 결정하는 과정은 실용적이고 가치가 있다. 일단 유효 영역에 들어온 사안은 그 너머에 더 근본적인 진실이 있을 수 있다. 더 풍부하고 포괄적인 이해 영역으로 이끄는 작업은 의외로 간단하고 쉬운 일이다.

2) 인지 부하 | 니콜라스 G. 카(Nicholas G. Carr)
 ㅡ『유토피아는 오싹하다』〈생각하지 않는 사람들〉 저자

오늘 할 일을 생각했는데 짧은 유튜브 클립을 하나 보고 나면 잠시 동안 그것이 무엇이었는지 곰곰이 다시 생각해야 하는 경험은 누구나 한 번쯤 해봤을 것이다. 이러한 기억상실은 너무 자주 일어나 우리는 많은 주의를 기울이지 않는다. 이를 '주의산만(Absentmindedness)'이라고 일컫거나 나이 탓으로 돌린다. 그러나 이 작은 사건은 우리 인지능력의 근본적인 한계, 즉 작업 메모리(Working memory)의 작은 용량을 드러내는 것이다. 뇌과학자는 작업 메모리를 수시로 의식의 내용을 담는 단기 정보 저장소라고 설명한다. 하루 동안 우리의 마음속에 떠오르는 모든 인상과 생각을 대상으로 한다. 1950년대 프린스턴대 심리학자 조지 밀러는 뇌가 최대 7개 정보만 동시에 보유할 수 있다고 주장했다. 하지만 일부 뇌연구자들은 이것도 너무 많고 작업 메모리는 최대 3~4개만 동시 저장할 수 있는 용량이라고 말한다.

특정 순간 우리의 의식에 투입되는 정보의 양을 '인지 부하(Cognitive load)'라고 한다. 인지 부하가 작업 메모리를 초과하면 지적 능력이 타격을 받는다. 정보는 우리의 인지에 빠르게 들어오고 나가기 때문에 장기기억으로 옮겨져 지적 활동에 포함되기 전에 사라진다. 작업 메모리 과부하는 우리를 더욱 산만하게 만든다. 신경과학자 토켈 클링버그는 "집중해야 할 것이 무엇인지에 대해 늘 기억하려는 노력을 해야 한다"며 "이런 집착을 잃으면 점점 더 산만해지는 자신을 발견할 것"이라고 강조한다. 현대사회에는 빠르고 방대한 디지털 정보로 인해 정보 조각이 산처럼 넘쳐난다. 그래서 인지 부하가 기억과 사고에 어떻게 영향을 미치는지를 이해한다면 여러 혜택을 누릴 수 있다. 특히 상대방의 작업 메모리가 얼마나 작고 연약한지 알수록 정보 전달과 흐름을 효율적으로 관리할 수 있다. 그래서 누군가를 교육하거나 정보를 전달할 때 너무 많은 정보를 짧은 시간에 전달하려 한다면, 상대방의 이해력이 떨어지고 학습이 어려워진다는 것을 이해하려 노력해야 한다.

3) 제약조건 충족 | 스티븐 M. 코슬린(Stephen M. Kosslyn)
– 케크대학원 미네르바스쿨 학장

'제약조건 충족(Constraint satisfaction)' 개념은 인간의 추리와 의사결정 방식을 이해하고 개선하는 데 필수적이다. '제약조건'은 문제를 해결하고 결정을 내릴 때 반드시 고려해야 하는 사항이며, '제약조건 충족'은 일부 제약조건을 제거하고 충족해가는 과정이다. 핵심 아이디어는 많은 제약조건을 동시에 충족할 방법은 몇 가지밖에 없다는 것이다. 특히 강력한 제약조건이 여러 개일 경우 이를 충족할 방법은 거의 없다. 한 제약조건이 다른 제약조건과 충돌할 때 어떻게 해야 하는가? 예를 들어 어떤 이가 주유소가 멀고 주유비를 절약하기 위해 전기자동차를 사야겠다고 생각했다. 하지만 그는 전기차를 살 돈이 없다. 모든 제약조건이 같은 중요도를 가진 것은 아니므로 가장 중요한 제약조건에 집중해야 만족스러운 해결책에 도달할 수 있다.

이 경우 당사자가 생각한 최적의 해결책은 전기차였지만, 뛰어난 연비를 가진 하이브리드라도 충분히 목적을 달성할 수 있다. 이 과정에서 구속조건을 찾아가며 더 효율적으로 의사결정을 할 수 있다. 위의 경우에서 어떤 차를 살지 결정할 때 1) 예산 2) 주유소가는 번거로움을 피하고 싶은 두 가지 욕구 중 선택해 의사결정을 시작할 수 있다. 그리고 집중하는 목적에 필요한 차량 크기, 워런티, 스타일, 브랜드 등을 고려한다. 연비 제약조건을 매우 충족한다면 스타일 등 다른 제약조건을 일부 포기함으로써 절충안을 찾아갈 수 있다. 사실 많은 창의성이 제약조건 충족의 사고 과정에서 나온다. 아인슈타인은 시간이 일정한 속도여야 한다는 전제가 필수적이 아니라는 것을 깨달았을 때, 그의 혁신적 성과인 상대성이론을 설계할 수 있었다.

4) 누적 오류 | 재런 러니어(Jaron Lanier)

– 컴퓨터과학자·음악가, 『누가 미래를 소유하는가』 저자

정보가 여러 채널을 통해 전달되면서 편향 또는 사람의 실수로 인해 메시지의 일부가 왜곡되기 쉽다. 잘못된 정보가 확산되면서 '누적 오류(Cumulative error)'가 발생한다. 재밌는 실험이 있다. 구글 번역기에서 'The edge of knowledge motivates intriguing online discussions(지식의 가장자리(연대)가 온라인 토론의 흥미를 유발한다)'이라는 영어 문장을 독일어, 히브리어, 중국어를 거쳐 다시 영어로 4단계로 번역했다. 그러자 'Online discussions in order to stimulate an attractive national knowledge(매력적 국가 지식을 자극하기 위한 온라인 토론)으로 의미가 왜곡됐다.

정보가 나노초 단위로 전 세계로 확산되는 현시대에 이 개념은 매우 현실적인 위험을 경고한다. 정보기술을 통해 우리는 감춰졌던 진실을 밝힐 수 있는 반면, 우리가 익숙한 것보다 더 강한 환상을 일으킬 수 있다. 예를 들어 전 세계 센서들은 클라우드 컴퓨팅으로 연결돼 기후 데이터의 실시간 변화 패턴을 밝혀낼 수 있다. 그러나 연속된 재설정의 사슬로 인해 원데이터가 가공될 수 있다. 이상적 정보에 대한 환상은 금융계에도 적용될 수 있다. 금융상품은 궁극적으로 소비자 행동을 유도하기 위해 여러 단계에 걸쳐 동기를 부여하고 최적화한 파생상품으로 변모한다. 금융상품은 '고요 속의 외침' 게임처럼 메시지에 의존하는 수평적 전달이 아니라 신뢰할 수

없을 정도의 변형이 있는 일련의 수직적 전달이다. 우리가 '고요 속의 외침' 게임에서 각자 자리를 잡으면 메시지의 전달 대상은 광고주, 정치위원회, 인터넷 블로거 등이 될 수 있다. 특히 인터넷 경제가 발달할수록 정보를 모으는 자에게 큰 인센티브가 부여된다. 각각 이질적인 전달 단위 내에서는 이치에 맞는 소리일 수 있으나 전체 시스템적으로 볼 때는 비상식적인 메시지가 스며들 수 있다.

5) 초점착시 현상 | 대니얼 카너먼(Daniel Kahneman)
 - 2002년 노벨경제학상 수상자, 프린스턴대 심리학과명예교수, 『생각에 관한 생각(Thinking, Fast and Slow)』 저자

교육수준은 소득의 중요한 결정요소지만 많은 이가 생각하는 것만큼은 아니다. 모두 같은 수준의 교육을 받았다면 소득 불평등이 10% 이하로 낮아질 것이다. 보통 더 나은 소득을 위해 교육에 집중하지만 수입을 결정하는 무수한 다른 요소는 무시한다. 같은 교육을 받은 사람들의 소득 차이는 크다. 또 소득이 삶의 만족도를 결정하는 중요한 요인이지만 많은 이가 생각하는 것만큼은 아니다. 같은 소득수준에서 삶의 만족도의 차이는 5% 미만이어야 하지만 현실은 그렇지 않다.

소득은 정서적 행복의 결정요인으로서 중요도가 크지 않다. 평균적으로 고소득자가 더 삶의 여유를 누리지만 그 차이는 대부분이 기대하는 바의 3분의 1 정도다. 부자와 빈곤층을 바라볼 때 당신의

사고는 불가피하게 그들의 소득을 중요시하는 상황에 집중한다. 그러나 행복은 수입보다 다른 요인에 더 많이 의존한다.

마케터들은 '초점착시(Focusing Illusion)' 현상을 이용한다. 특히 사람들이 '소유해야 한다'고 믿도록 유도할 때, 제품이 삶의 질에 미칠 차이를 크게 과장한다. 초점착시 기법은 특히 시간이 지나도 지속적인 주의가 필요한 제품일 경우 더욱 극대화한다. 예를 들면 책보다는 자동차 가죽시트에 초점착시 현상이 효과를 보인다.

정치인은 대중의 관심이 집중된 이슈의 중요성을 과장할 때 마케터 못지않게 초점착시 현상을 이용한다. 예를 들면 "교복 착용이 교육효과를 크게 향상할 것", "의료개혁은 삶의 질을 크게 향상할 것"이라고 믿게 만들 수 있다. 의료개혁은 분명 변화를 낳겠지만 실제로는 당신이 기대하는 것보다 미약할 수 있다.

6) 이중맹검법 | 리처드 도킨스(Richard Dawkins)
  – 진화생물학자, 옥스퍼드대 교수, 『이기적 유전자』 저자

사람들이 비이성적인 믿음을 따르는 이유는 비판적 사고훈련이나 근거로 제시하는 개인적 의견, 편견, 일화를 걸러 듣는 훈련이 부족하기 때문이다.

이를 극복하기 위한 방법이 '이중맹검법(Double-Blind Control Experiment)'이다. 맹검법은 실험을 수행할 때 편향 작용을 막기 위해 실험이 끝날 때까지 실험자 또는 피험자에게 특정한 정보를

공개하지 않는 것이다. 실험자와 피험자 모두에게 맹검이 적용되었을 경우 이중맹검법이라고 한다. 의학에서 진짜와 가짜 약을 피검자와 의사 모두에게 알리지 않고 실제 효과만 측정함으로써 의사의 권위 등 방해요소를 제거하는 것이다. 일반인을 대상으로 학교에서 이중맹검법을 가르쳤다면 사람들의 인지능력은 크게 향상됐을 것이다. 특히 ▲일화를 일반화하지 않는 법을 배운다. ▲표면적으로 중요해 보이는 효과가 우연히 발생했을 가능성을 평가할 수 있다. ▲주관적 편견을 제거하는 것이 얼마나 어려운지 알게 된다. 이는 더 나아가 권위에 종속되지 않고 개인의 의견으로 받아들일 수 있는 유익한 효과가 있다. ▲결과적 지속성이 없는 사이비, 돌팔이, 사기꾼에게 휘둘리지 않는 법을 배운다. ▲비판적이고 회의적 사고 습관을 일반적으로 학습해 단지 인지능력을 향상할 뿐 아니라 세상을 구할 수도 있을 것이다.

> 참고로 '이기적 유전자'에서 "인간은 유전자의 꼭두각시"라고 선언한다. 인간이 "유전자에 미리 프로그램된 대로 먹고 살고 사랑하면서 자신의 유전자를 후대에 전달하는 임무를 수행하는 존재"라는 것이다. 이 책은 40년 동안 이어진 학계와 언론의 수많은 찬사와 논쟁 속에 25개 이상의 언어로 번역되었으며, 젊은이들이 꼭 읽어야 할 과학계의 고전으로 자리 잡았다.

7) 전체론 | 니콜라스 A. 크리스타키스
(Nicholas A. Christakis)

-예일대 교수, 의사, 휴먼네이처랩 소장, 『사회적 관계망이 우리의 행복에 미치는 영향』 공동저자

전체론(Hollism)은 쉽게 말하면 '전체는 부분의 합보다 크다'로 요약된다. '전체(whole)'는 분명 '부분(part)'이 갖고 있지 않은 특성을 갖고 있다는 인식이다. 예를 들어 탄소원자는 특정 물리적·화학적 속성이 있지만 다른 방식으로 결합해 흑연이나 다이아몬드가 된다. 이러한 물질의 특성(색, 연성, 경도 등)은 탄소원자의 속성이 아니라 탄소원자의 집합 속성이다. 원자의 조합이 갖는 특성은 전적으로 원자가 어떠한 형태로 결합하는지에 달려 있다. 이러한 특성은 부분 간의 연결방식에 의해 만들어진다. 전체론의 통찰력은 세상의 여러 현상을 분석하는 적절한 과학적 견해를 갖는 데 매우 중요하다.

전체가 부분의 수보다 빠르게 증가하는 복잡성을 갖는 경우도 있다. 간단한 예가 SNS(사회적 관계망 서비스)다. 한 그룹에 10명이 있다면 이들은 최대 45(10×9÷2)의 연결이 가능하다. 사람 수가 1000명이라면 가능한 관계수는 499,500(1000×999÷2)으로 늘어난다. 관계를 맺는 사람 수가 100배 증가하면 가능한 연결 횟수는 1만 배 이상 증가했다.

전체론은 복잡성의 단순성·일관성에 대한 인식이다. 경험주의와

달리 전체론은 습득하고 인식하는 데 상당한 시간이 걸린다. 지난 몇 세기 동안 과학은 물질을 더 작은 단위로 나누는 데 초점을 맞췄다. 유기체를 장기, 조직, 세포, 소기관, 단백질, DNA 등으로 분해함으로써 이해할 수 있었다. 하지만 깊은 이해를 위해 다시 구성부분들을 전체적으로 합치는 작업은 쉽지 않으며 일반적으로 과학 발전 과정의 성숙기에 나타난다.

8) 은닉층 | 프랭크 윌첵(Frank Wilczek)

– MIT 물리학자, 2004년 노벨물리학상 수상자, 『세상에 숨겨진 아름다움의 과학(A Beautiful Question)』 저자

은닉층(Hidden Layers)은 외부 현실과 우리의 인식 사이에 존재하는 과정의 이해다. 은닉층은 인공지능(AI) 역사에서 지금의 인공신경망 알고리즘에 기반한 딥러닝이 비약적인 발전할 수 있었던 계기였다. 2006년 제프리 힌튼(Geoffrey Hinton) 전 토론토대학 교수가 비지도학습(unsupervised learning)을 이용한 은닉층에서의 데이터 전처리 방법을 제시하면서 인공지능 기술의 대 전환을 맞게 했다.

더 원론으로 들어가면 은닉층의 뇌 신경망 연구에서 비롯됐다. 우리가 새로운 언어를 배우거나 새로운 게임을 습득하고 새로운 환경에서 편안함을 느낄 때 뇌의 은닉층 메커니즘이 관여할 가능성이 높다. 이 메커니즘은 무언가를 광범위하게 식별할 수 있게 하는데

외부 세계로부터 직접 입력받는 게 아니라 다른 뉴런과 통신하는 숨겨진 층이다. 신경회로에서 새로운 은닉층이 어떻게 배치되는지 아직 과학적으로 정확하게 밝혀지지 않았다. 하지만 신경망의 기원에서 벗어나 은닉층 개념은 여러 가지를 설명할 수 있게 됐다. 예를 들어 물리학에서 특정 패턴이 인식되면 물리학자들은 수학적으로 정확하고 일관된 것으로 정제해야 하는 도전에 직면한다. 이제까지 없던 개념을 정의할 때 은닉층의 역할을 볼 수 있다. 윌첵이 애니온(anyon, 핵에 있는 양성자보다 전자가 더 많아 음으로 하전된 이온·음이온)을 발견했을 때 이 아이디어가 실제로 얼마나 훌륭하게 진화하고 구체화할지는 예상치 못했다. 이런 경우 생각의 은닉층에서 새로운 명칭은 새로운 노드를 만들어낸다. 머리 겔만(Murray Gell-Mann)이 '쿼크' 개념을 제시할 때도 마찬가지였다. 은닉층에 의해 인식되는 특징과 명칭은 사고를 유용한 개념으로 구체화, 내재화한다. 은닉층은 그 자체로 메커니즘을 파악하는 유용한 개념이며 사고가 일하는 방식을 심층적으로 파악할 수 있게 한다.

9) 포지티브섬 게임 | 스티븐 핑커(Steven Pinker)
　- 하버드대학교 인지심리학과 교수,
『다시 계몽의 시대(Enlightenment Now)』 저자
　제로섬 게임에는 확실한 승자와 패자가 존재한다. 하지만 포지티

브섬게임(Positive Sum Games)에서는 모두가 승자다. 흔히 '윈윈 상황'으로 불린다. 존 폰 노이만과 오스카 모르겐슈테른이 1944년 게임의 수학적 이론을 제시했을 때 여러 개념(제로섬, 비제로섬, 플러스섬, 마이너스섬, 상수섬, 가변섬 게임 등)을 도입했다. 사람들은 상호작용 상황에 놓이면 제로섬 게임인지 아닌지를 곧바로 결정하지 않는다. 또 사람들은 협상 테이블의 몇몇 선택사항을 무시하며 실제 제로섬 게임이 아닌데도 제로섬 게임이라고 인식할 수도 있다. 그렇기 때문에 상호작용의 게임이론적 구조를 의도적으로 (제로섬인지 아닌지를) 인식한다면 안전, 조화, 번영과 같은 가치 있는 결과를 만드는 의사결정을 할 수 있다. 예를 들어보자. 트러블메이커 성향을 가진 직장동료나 친척들에게 자존심을 내세우지 않거나 패배를 쿨하게 인정하기로 서로 합의하면 어떨까. 의견 대립 상황에서 서로 승리하기 위해 지속적으로 논쟁을 벌이는 비용을 감수하기보다는 결과적으로 공동체 의식을 도모할 수 있다.

포지티브섬 게임일지라도 당사자는 공동의 이익을 희생해 개인의 이익을 추구할 수 있다. 그러나 이럴 경우 경쟁 게임으로 설정함으로써 발생하는 리스크와 비용을 감수해야 한다. 특히 게임이 반복되는 경우 한 라운드에서 모두 차지하려는 유혹은 다음 라운드에서 역전으로 인해 쓰디쓴 패배를 맛볼 수 있게 하기도 한다.

지난 1950년대 이래 제로섬 또는 비제로섬 게임에 대한 인식이 높아지고 대결구도를 지양하면서 세계의 평화와 번영이 이뤄졌다.

이 기간 역사적으로 유례가 없을 정도로 전쟁, 대량 학살, 민족 폭동 등은 감소했고 동시에 개발도상국들은 놀라운 경제성장을 이뤘다.

이처럼 이기적 유전자(리처드 도킨스), 문화적 매력 (댄 스퍼버 Dan Sperber), 집단 확장 (마르셀 킨스본 Marcel Kinsbourne), 미지의 두려움 (오브리 드 그레이 Aubrey de Grey), 고정행동유형 (아이린 페퍼버그 Irene Pepperberg), 인지의 겸손 (게리 마커스 Gary Marcus), 외부효과 (로버트 커즈번 Robert Kurzban), 계산되지 않은 리스크 (안토니 개릿 리시 Antony Garrett Lisi), 예측 코딩 (앤디 클라크 Andy Clark), 합리적 무의식 (앨리슨 고프닉 Alison Gopnik), 이기적 편향 (데이비드 G. 마이어스 David G. Myers), 규모 분석 (줄리오 보칼레티 Giulio Boccaletti), 회의론적 경험주의 | 제럴드 홀턴(Gerald Holton), 기준선 변동 증후군 | 폴 케드로스키(Paul Kedrosky), 등 200개 정도이다.

전체 내용은 전 세계 과학 및 기술 분야 최전선에서 활약하는 이들이 모인 에지재단(Edge Foundation)이 펴낸 『This will make you smarter: New Scientific Concepts to Improve Your Thinking(당신을 현명하게 만드는 신과학개념)』에 연재되고 있다.